AF536309

Kesselrezepte

Das Kochbuch mit den leckersten Outdoor Rezepten für zuhause oder beim Camping

Matthias Falkner

Alle Ratschläge in diesem Buch wurden vom Autor und vom Verlag sorgfältig erwogen und geprüft. Eine Garantie kann dennoch nicht übernommen werden. Eine Haftung des Autors beziehungsweise des Verlags für jegliche Personen-, Sach- und Vermögensschäden ist daher ausgeschlossen.

Email: info@edition-lunerion.de
www.edition-lunerion.de

Psiana eCom UG
Berumer Str. 44
26844 Jemgum

Vorwort

In gemütlicher Runde draußen sitzen, im Garten oder beim Camping, das Prasseln und Knistern eines brennenden Feuers und dazu der aromatische Geruch deftiger Köstlichkeiten – das klingt nach nostalgischem Ferienlagertraum? Dann holen Sie sich die glückliche Erinnerung an unbeschwerte Sommer ganz einfach zurück und tauchen Sie ein in die ungarische Tradition des Kesselkochens!

Kessel, Feuer, Dreibeingestell – mehr braucht es nicht, um unterschiedlichste Leckereien zu zaubern und dabei die unvergleichliche Atmosphäre von Freiheit & Natur zu genießen. Denn was als wohl berühmtestes Gericht das Gulasch hervorgebracht hat, kann noch weitaus mehr: Verschiedenste Eintöpfe und Suppen, ob mit Fleisch, vegetarisch oder auch vegan, bekommen auf diese Art ein unvergleichliches Aroma und bringen ganz von selbst Zeltlagerstimmung an den Tisch. Und keine Sorge: Kesselkochen ist kein Hexenwerk und mit modernen Kesseln können Sie im Nu und unkompliziert Vorspeisen, Hauptgerichte und sogar feine Desserts zubereiten. Worauf es bei der Kesselauswahl ankommt, wie Sie das gute Stück optimal pflegen, was es beim Kochen über offenem Feuer sonst noch zu beachten gibt und wie Sie auch ohne Flammen Kesselkochen können, finden Sie nun in diesem liebevoll zusammengestellten Kochbuch heraus!

Guten Appetit!

Diese wurde vor vielen Jahren von der Unternehmerfamilie „Zeise“ entwickelt. So mancher kennt die Gulaschkanone wahrscheinlich noch aus seinen Militärzeiten.

WAS IST DAS BESONDERE AM KESSELKOCHEN?

Mit der Familie oder Freunden am Lagerfeuer zu sitzen, sich zu unterhalten und dabei zusammen etwas Leckeres zu kochen, ist immer eine großartige Angelegenheit. Nicht nur Kinder im Ferienlager lieben es, auch Erwachsene genießen dieses gemütliche Beisammensein nur zu gerne. Das Gefühl grenzenloser Freiheit und die Nähe zur Natur werden mit dem Zubereiten leckerer Speisen im Kessel noch intensiviert. Besonders, weil sich im Kessel doch weitaus mehr Gerichte zubereiten lassen als auf einem einfachen Grill. Suppen, Eintöpfe, Vorspeisen, Hauptgerichte mit und ohne Fleisch, Desserts und sogar Kuchen oder gar Brot können auf diese Weise im heimischen Garten oder auch unterwegs die Mägen füllen, und das ohne viel Aufwand.

WELCHER KESSEL IST DER BESTE?

Wie bereits kurz erwähnt, gibt es die Kessel heute aus verschiedenen Materialien. Wie bei allen anderen Produkten auch, finden sich hier Vor- und Nachteile. Wir haben uns einmal die Mühe gemacht und Ihnen diese aufgeführt.

1. Eisenkessel

Eisenkessel finden sich überwiegend im Handel, denn die gute Wärmeleiteigenschaft sowie die Langlebigkeit dieses Materials bei entsprechender Pflege sprechen für sich. Vor allem Erstgenanntes sorgt dafür, dass weniger

Holz oder Kohle für das Feuer benötigt wird. Zumal die Gerichte im Kessel weitaus schneller warm werden. Hinzu kommt, dass ein Kessel aus Eisen, im Vergleich zu anderen Materialarten, recht günstig zu haben ist.

Leider ist der Kessel aus diesem Material aber auch recht pflegebedürftig. Nach dem Zubereiten diverser Gerichte sollten Sie den Eisenkessel unverzüglich reinigen. Auch sollte der Kessel weder draußen noch in feuchten Räumen aufbewahrt werden, denn allzu schnell kann er ansonsten beginnen, zu rosten. Hinzu kommt, dass Sie nicht auf die Idee kommen sollten, in Ihrem Kessel alkoholische Getränke zuzubereiten, denn das Eisen reagiert auf den Alkohol ebenfalls nur zu gerne mit einer Korrosion.

2. Emaillen-Kessel

Der Emaillen-Kessel erfreut sich seit vielen Jahrzehnten größter Beliebtheit, denn dieser ist nicht nur außerordentlich pflegeleicht, sondern bietet ebenso zahlreiche Anwendungsmöglichkeiten. Durch seine besondere Beschichtung ist der Emaillen-Kessel universell einsetzbar und auch bei der Aufbewahrung muss man sich nicht allzu viele Gedanken machen.

Wegen der besonderen Beschichtung reagiert dieser Kessel aber auf enorme Hitze recht empfindsam, sodass der Emaillen-Kessel niemals ohne Inhalt erhitzt werden sollte, denn dies zerstört die Beschichtung. Wissenswert ist außerdem, dass hier keine scharfen oder spitzen Gegenstände zum Kochen genutzt werden sollten, denn auch dies schädigt die Beschichtung im Kessel.

3. Gusseisen-Kessel

Wie die Materialart schon erahnen lässt, bringt ein Kessel aus Gusseisen ein recht hohes Eigengewicht mit. Bei richtiger Pflege kann ein solcher Kessel aber problemlos ein Menschenleben überdauern. Zudem braucht es auch hier nicht allzu viel Hitze, denn dieses Material speichert außerordentlich gut Wärme. Problemlos kann ein Gusseisen-Kessel auch direkt in die Glut gestellt werden. Viele Köche bevorzugen gusseiserne Kessel, denn durch das Einbrennen des Kessels bekommen die Speisen hier einen ganz besonderen Geschmack. Bevor es mit dem Kochen im Gusseisen-Kessel losgehen kann, braucht es einiges an Vorarbeit, was viele als Nachteil sehen. Hinzu kommt, dass Gusseisen recht pflegeintensiv ist, denn ohne die richtige Pflege beginnt dieses Material nur zu gerne, zu korrodieren. Wie beim Kessel aus Eisen, sollten Sie die Zubereitung von alkoholischen Getränken besser unterlassen.

4. Edelstahlkessel

Ein Kessel aus Edelstahl ist nicht nur leicht zu säubern, sondern ebenso leicht zu pflegen. Auch bei der Aufbewahrung muss man sich zudem nicht unnötig den Kopf zerbrechen. Hinzu kommt, dass das Zubereiten von alkoholischen Getränken in diesem Kessel kein Problem darstellt. Besonders, weil ein Edelstahlkessel als äußerst robust und langlebig gilt.

Beim Zubereiten von Speisen im Edelstahlkessel benötigt man einiges an Hitze. Außerdem ist ein solcher Kessel nicht ganz billig. Wer sich einen solchen anschaffen möchte, sollte stets auf Qualität achten.

KOCHEN MIT KESSEL UND DREIBEIN

Wer unterwegs oder auch im heimischen Garten nur zu gerne auf seinen Kessel zurückgreift, der nutzt meist zusätzlich ein Dreibein. Auch hier gibt es Unterschiede.

1. Dreibein mit starren Füßen

Ein Dreibein mit starren Füßen besitzt den Vorzug, dass dieses im Handumdrehen aufgebaut ist. Zudem ist dieses Hilfsmittel recht preisgünstig im Handel zu finden. Beim Kauf sollten Sie allerdings darauf achten, die richtige Größe zu wählen, denn diese hängt von der Kesselgröße ab. Wegen der fixen Längen des Gestänges kann es hier schnell mal zu Transportproblemen kommen, vor allem dann, wenn man zu Fuß unterwegs ist. Außerdem sollten Sie hier immer auf den Funkenflug achten.

2. Dreibein mit Teleskopgestänge

Vor allem die platzsparende Bauweise ist hier klar ein Vorteil. Zusätzlich ist es ebenso möglich, mit wenigen Handgriffen die Höhe entsprechend einzustellen, sodass dieses Dreibein gleich für unterschiedliche Kesselgrößen genutzt werden kann. Lediglich die Kosten sind hier ein wenig höher.

3. Gulaschofen

Der Gulaschofen eignet sich besonders gut für Feuerstellen, die nicht offen liegen. Auf diese Weise ist man auch nicht von Wind und Wetter abhängig. Allerdings hat ein Gulaschofen auch seinen Preis. Besonders, weil hier einiges an Mobilität verloren geht.

WIE GROß SOLLTE DER KESSEL SEIN?

Wer die Größe seines Kessels im Vorfeld berechnen möchte, kann dies mit einer einfachen Faustformel in Angriff nehmen.

Beispiel für einen 15 Liter Kessel: 15 Liter Inhalt / 0,7 l = 21

Demnach eignet sich der Kessel für insgesamt 21 Leute.

WIE KOCHT MAN DRAUßEN MIT DEM KESSEL?

Auch beim Kesselkochen sollten Sie einiges beachten. Folgende Schritte sind hier zu befolgen:

- Das Feuer entzünden.
- Den Kessel mit Wasser füllen und diesen dann über das Feuer hängen.
- Nachdem sich das Wachs im Inneren gelöst hast, das Wasser vorsichtig aus dem Kessel kippen.
- Den Kessel abkühlen lassen und erst dann abtrocknen.
- Anschließend den Kessel mit Speiseöl einreiben.
- Den Topf einbrennen, denn auf diese Weise erhält der Kessel eine natürliche Antihaftbeschichtung.

Folgende Schritte sollten Sie beim Einbrennen vornehmen:

- Der Gusseisen-Kessel muss gereinigt und wachsfrei sein.
- Der Kessel muss trocken sein.
- Jetzt das Leinöl in den Kessel geben und diesen damit einölen.
- Danach das Öl langsam heiß werden lassen, damit dieses sich langsam einbrennen kann.
- Nach 30 Minuten sollte dieser Vorgang beendet sein.
- Den Kessel nun abkühlen lassen und den Vorgang noch einmal wiederholen.
- Anschließend den Topf mit einem feuchten Tuch säubern.
- Zuletzt den Kessel mit einem Reinigungs-Öl einreiben.

Vorspeisen

BLUMENKOHL-CURRY

4 Port. 45 Min. Einfach

Zutaten

1 Blumenkohl
1 Knoblauchzehe
3 Paprikas (gelb)
2 Zwiebeln
500 ml Wasser
500 ml Kokosnussmilch
1 Esslöffel Currypulver
3 Esslöffel Öl
Pfeffer
Salz

Nährwerte p. P.

479 kcal
20 g Kohlenhydrate
38 g Fett
8 g Eiweiß

1 Zuerst die Knoblauchzehe sowie die Zwiebeln ohne Schale fein würfeln.

2 Den Blumenkohl säubern und in Röschen teilen.

3 Jetzt das Öl in den Kessel geben und diesen unter Feuer setzen. Sowohl die Zwiebeln als auch den Knoblauch in dem Öl andünsten.

4 Danach das Wasser und die Kokosnussmilch dazu gießen und alles zum Kochen bringen.

5 Nun die Blumenkohlröschen ebenfalls in den Kessel geben und alles zehn Minuten garen.

6 Währenddessen die Paprikas in feine Streifen teilen und diese zum Blumenkohl geben.

7 Nach weiteren fünf Minuten das Blumenkohl-Curry mit Pfeffer sowie Salz würzen.

CHAMPIGNON-PAPRIKA-MIX MIT JOGHURT

4 Port. 40 Min. Einfach

Zutaten

6 Paprikas (rot)
800 g Champignons (frisch)
2 Zwiebeln
300 ml Gemüsebrühe
500 g Naturjoghurt
3 Esslöffel Öl
Pfeffer
Salz

Nährwerte p. P.

307 kcal
25 g Kohlenhydrate
14 g Fett
15 g Eiweiß

1 Die Champignons säubern und in Würfel zerteilen.

2 Sowohl die Paprikas als auch die Zwiebeln ebenfalls würfeln.

3 Dann das Öl im Kessel erhitzen und hier die Zwiebeln glasig dünsten.

4 Danach die Gemüsebrühe zugießen und diese zum Kochen bringen.

5 Anschließend die Champignons sowie die Paprika zugeben und alles eine Viertelstunde köcheln lassen.

6 Zum Schluss den Naturjoghurt unterrühren und alles mit Pfeffer sowie Salz abschmecken.

BUNTE GEMÜSESUPPE

4 Port.

40 Min.

Einfach

Zutaten

2 Paprikas (rot)
2 Chicorée
1 Zwiebel
300 g Bohnen (grün)
3 Karotten
Eine halbe Knolle Sellerie
3 Stangen Sellerie
3 Esslöffel Wildkräuter
1 Teelöffel Paprikapulver
3 Esslöffel Pflanzenöl
Etwas Chilipulver
Pfeffer
Salz

Nährwerte p. P.

166 kcal
12 g Kohlenhydrate
7 g Fett
5 g Eiweiß

1 Zuerst die Zwiebel ohne Schale in feine Würfel zerteilen.

2 Dann die Karotten von der Schale befreien und diese mit dem Staudensellerie in Scheiben teilen. Die halbe Knolle Sellerie hingegen ebenfalls würfeln.

3 Jetzt die Bohnen kurz unter Wasser abbrausen und diese in drei Zentimeter große Stücke trennen.

4 Den Chicorée in Ringe zerteilen und die roten Paprikas würfeln.

5 Anschließend in dem Kessel etwas Öl erhitzen. Hier dann den Sellerie, die Zwiebelwürfel sowie die Karotten andünsten.

6 Das Ganze mit einem Liter Wasser löschen und eine Viertelstunde vor sich hin köcheln lassen.

7 Danach die Paprikas, die grünen Bohnen sowie den Chicorée zufügen.

8 Zum Schluss die Gemüsesuppe mit den genannten Kräutern und den Gewürzen geschmacklich verfeinern.

KESSEL-PFANNKUCHEN

2 Port.

30 Min.

Einfach

Zutaten

3 Eier
1 Teelöffel Zucker
200 g Weizenmehl
1 Prise Salz
180 ml Milch
2 Esslöffel Öl

Nährwerte p. P.

298 kcal
39 g Kohlenhydrate
11 g Fett
10 g Eiweiß

1 Zuerst die Eiweiße von den Dottern trennen.

2 Danach die Eigelbe mit dem Weizenmehl, dem Zucker, dem Salz sowie der Milch verrühren.

3 Jetzt die Eiweiße in eine steife Masse verwandeln und den Eischnee vorsichtig unter den Pfannkuchen-Teig heben.

4 Anschließend das Öl im Kessel erhitzen und hier den Teig in goldbraune Pfannkuchen backen.

ORANGEN-MÖHREN-SUPPE

10 Port.

60 Min.

Einfach

Zutaten

1 kg Karotten
200 g Sahne
2 Esslöffel Butter
2 l Brühe
1 Bund Lauchzwiebeln
1 Stück Ingwer (3 cm)
500 ml Orangensaft
2 Esslöffel Currypulver
2 Esslöffel Weizenmehl
1 Prise Zucker
Pfeffer Salz

Nährwerte p. P.

144 kcal
15 g Kohlenhydrate
7 g Fett
2 g Eiweiß

1 Die Karotten säubern und anschließend in grobe Stücke zerteilen.

2 Jetzt die Lauchzwiebeln zerschneiden. Den grünen Teil in feine Ringe teilen, während der Rest fein zerhackt wird.

3 Danach den Ingwer von seiner Schale befreien und ebenfalls fein hacken.

4 Anschließend die Butter im Kessel erhitzen und hier zuerst die Karotten, den Ingwer sowie die Lauchzwiebeln andünsten.

5 Dann das gedünstete Gemüse mit dem Weizenmehl sowie dem Currypulver bestreuen und das Ganze anschwitzen.

6 Alles mit der Brühe sowie dem Orangensaft löschen und die Suppe kochen lassen.

7 Nun das Gemüse am besten pürieren und die Sahne unterrühren.

8 Zum Schluss die Suppe mit einer Prise Zucker, Pfeffer sowie Salz würzen.

LAUCH-KÄSE-SUPPE

10 Port.

30 Min.

Einfach

Zutaten

200 g Cheddar
700 g Hack (gemischt)
500 ml Gemüsebrühe
200 g Crème fraîche
4 Zwiebeln
200 g Schmelzkäse
4 Stangen Lauch
2 Knoblauchzehen
100 g Champignons (frisch)
1 Teelöffel Paprikapulver
1 Teelöffel Chilipulver
Ein Schuss Weißwein (trocken)
3 Esslöffel Olivenöl
Pfeffer
Salz

Nährwerte p. P.

406 kcal
5 g Kohlenhydrate
32 g Fett
22 g Eiweiß

1 Sowohl die Knoblauchzehen als auch die Zwiebeln aus der Schale lösen. Beides dann in kleine Würfel zerteilen. Den Lauch hingegen in Ringe trennen.

2 Jetzt das Olivenöl im Kessel erhitzen und hier das gemischte Hackfleisch krümelig anbraten.

3 In der Zwischenzeit die Champignons säubern und diese in Scheiben teilen.

4 Sobald das Hackfleisch durchgebraten ist, die Champignons, Zwiebeln sowie den Lauch zufügen und alles einmal umrühren.

5 Danach das Ganze mit einem Schuss Weißwein sowie der Gemüsebrühe löschen.

6 Sobald der Alkohol verdampft ist, den Schmelzkäse, die Crème fraîche sowie den Cheddar in die Suppe geben. Alles so lange verrühren, bis der Käse sich aufgelöst hat.

7 Zu guter Letzt die Lauch-Käse-Suppe mit dem Paprikapulver, Pfeffer, Chilipulver sowie Salz verfeinern.

SPINAT-GORGONZOLA-SUPPE

3 Port.

40 Min.

Einfach

Zutaten

300 g Kartoffeln
600 ml Gemüsebrühe
150 g Sahne
1 Stange Lauch
1 Esslöffel Butter
200 g Baby-Spinat
60 g Gorgonzola
2 Esslöffel Walnüsse
1 Zitrone (Bio)
Ein halber Teelöffel Zucker
Pfeffer
Salz

Nährwerte p. P.

343 kcal
22 g Kohlenhydrate
23 g Fett
10 g Eiweiß

1 Zuerst den Lauch säubern und diesen in Ringe zerteilen. Die Kartoffeln hingegen von ihrer Schale befreien und diese in Würfel verwandeln. Den Knoblauch ohne Schale fein zerhacken.

2 Jetzt die Butter im Kessel erwärmen und hier die Kartoffelwürfel, die Lauchringe sowie den gehackten Knoblauch anbraten.

3 Sobald das Gemüse sich bräunt, das Ganze mit der Gemüsebrühe löschen. Die Sahne auch gleich zugießen.

4 Die Suppe anschließend ausgiebig durchkochen.

5 In der Zwischenzeit die Walnüsse grob zerhacken und kurz in einer fettfreien Pfanne anrösten.

6 Nun den Gorgonzola in die Suppe bröseln. Sobald sich dieser aufgelöst hat, den Spinat zufügen.

7 Alles circa eine halbe Stunde köcheln lassen und anschließend pürieren, falls dies möglich ist.

8 Die Zitrone auspressen und die Suppe mit dem Zitronensaft, dem Zucker, Pfeffer sowie Salz abschmecken.

9 Die gehackten Walnüsse zum Garnieren verwenden.

KÜRBIS-KARTOFFEL-SUPPE

4 Port.

40 Min.

Einfach

Zutaten

750 ml Gemüsebrühe
1 Kürbis (Hokkaido)
3 Zwiebeln
1 Knoblauchzehe
3 Kartoffeln
1 Stück Ingwer (2 cm)
1 Esslöffel Currypulver
1 Teelöffel Salz
50 ml Sahne
Pfeffer

Nährwerte p. P.

194 kcal
32 g Kohlenhydrate
5 g Fett
5 g Eiweiß

1 Den Kürbis von seiner Schale und den Kernen befreien. Das Fruchtfleisch grob zerkleinern.

2 Gleiches mit den Kartoffeln vornehmen.

3 Die Knoblauchzehe sowie die Zwiebeln und den Ingwer ebenfalls aus der Schale lösen und fein zerhacken.

4 Jetzt den Kessel mit der Gemüsebrühe über dem Feuer erhitzen und zum Kochen bringen.

5 Sobald die Brühe kocht, den Kürbis, die Kartoffeln, den Knoblauch, den Ingwer sowie die Zwiebeln zugeben und das Ganze garen.

6 Danach die Sahne zufügen und alles mit dem Currypulver, dem Salz sowie dem Pfeffer abschmecken.

GERÄUCHERTER LACHS

4 Port.

60 Min.

Einfach

Zutaten

600 g Lachsfilet
2 Esslöffel Oregano
20 g Pfeffer (grob)
Etwas Meersalz (grob)
400 g Räucherspäne (Buche)

Nährwerte p. P.

329 kcal
3 g Kohlenhydrate
20 g Fett
35 g Eiweiß

1 Das Lachsfilet zuerst mit dem groben Pfeffer sowie dem Meersalz und dem Oregano bestreuen.

2 Den Fisch dann in eine Alu-Schale legen.

3 Jetzt die Räucherspäne im Kessel verteilen und einen Stapelrost darauf platzieren.

4 Die Alu-Schale mit dem Lachs auf den Rost stellen.

5 Danach den Kessel schließen und das Ganze mit ordentlich Hitze versorgen.

6 Nach 30 bis 60 Minuten ist der Räucherlachs dann fertig.

KÄSE-CHAMPIGNON-OMELETT

4 Port.

20 Min.

Einfach

Zutaten

250 g Champignons (frisch)
10 Eier
100 g Gouda (gerieben)
1 Paprika (gelb)
2 Esslöffel Olivenöl
Pfeffer
Salz

Nährwerte p. P.

334 kcal
4 g Kohlenhydrate
25 g Fett
20 g Eiweiß

1 Die Paprika kurz abbrausen und in kleine Würfel teilen.

2 Die Champignons säubern und in dünne Streifen schneiden.

3 Jetzt die Eier in einer Schüssel verrühren und mit Pfeffer sowie Salz verfeinern. Den geriebenen Gouda anschließend unterrühren.

4 Danach das Olivenöl im Kessel erhitzen und hier das gesamte Gemüse anbraten.

5 Zu guter Letzt die Ei-Masse zugießen und das Ganze stocken lassen.

Suppen und Eintöpfe

KLASSISCHE LINSENSUPPE

4 Port.

70 Min.

Einfach

Zutaten

2 l Gemüsebrühe
6 Kartoffeln (mittelgroß)
4 Möhren
500 g Linsen
Pfeffer
Salz

Nährwerte p. P.

623 kcal
103 g Kohlenhydrate
2 g Fett
38 g Eiweiß

1 Sowohl die Möhren als auch die Kartoffeln von ihrer Schale befreien und in kleine Würfel zerteilen.

2 Dann die Gemüsebrühe in den Kessel gießen und diese aufkochen.

3 Die Karotten, Linsen und Möhren in die Gemüsebrühe geben und alles eine Stunde lang köcheln lassen.

4 Zu guter Letzt die Linsensuppe noch mit Pfeffer sowie Salz verfeinern.

BOHNEN-EINTOPF

 2 Port.
 40 Min.
 Einfach

Zutaten

100 g Speck
1 Zwiebel
200 g weiße Bohnen (Dose)
200 g rote Bohnen (Dose)
200 ml Gemüsesuppe
80 ml Tomatensaft
1 Esslöffel Essig
2 Knoblauchzehen
3 Esslöffel Olivenöl
1 Prise Thymian
Pfeffer
Salz

Nährwerte p. P.

800 kcal
79 g Kohlenhydrate
37 g Fett
30 g Eiweiß

1 Zuerst die Zwiebel sowie die Knoblauchzehen aus ihrer Schale lösen und beides in feine Würfel zerteilen.

2 Den Speck ebenfalls klein schneiden.

3 Dann die weißen sowie die roten Bohnen abtropfen lassen.

4 Das Olivenöl jetzt im Kessel erhitzen und hier die Zwiebel sowie den Knoblauch dünsten.

5 Danach den Speck und die Bohnen dazugeben und alles mit Pfeffer sowie Salz verfeinern.

6 Anschließend den Essig, den Tomatensaft und die Gemüsebrühe zugießen.

7 Zu guter Letzt noch die Prise Thymian zugeben und alles eine Viertelstunde köcheln lassen.

GEMÜSE-SCHWEINEFLEISCH-EINTOPF

4 Port. 60 Min. Einfach

Zutaten

300 g Schweinefleisch
2 Knoblauchzehen
3 Esslöffel Olivenöl
250 g Brokkoli
200 g Lauch
1 Paprika (rot)
2 Möhren
2 Süßkartoffeln
200 g Champignons
500 ml Gemüsebrühe
100 ml Weißwein (trocken)
1 Esslöffel Tomatenmark
2 Lorbeerblätter
1 Prise Kreuzkümmel
Ein halber Teelöffel Oregano
Etwas Paprikapulver (edelsüß)
Pfeffer
Salz

Nährwerte p. P.

310 kcal
28 g Kohlenhydrate
14 g Fett
20 g Eiweiß

1 Das Schweinefleisch in Würfel teilen. Die Paprika ebenfalls würfeln, genauso wie die Möhren und die Süßkartoffeln. Die beiden letztgenannten Gemüsesorten sollten Sie allerdings vorab von ihrer Schale befreien.

2 Den Lauch dann in Ringe und den Brokkoli in Röschen teilen. Die Champignons erst putzen und dann in kleine Stücke verwandeln.

3 Anschließend das Olivenöl im Kessel erhitzen und hier das Schweinefleisch anbraten. Sowohl den Lauch als auch den gehackten Knoblauch zugeben und gleich mit dünsten.

4 Nach gut einer Viertelstunde dann das übrige Gemüse sowie die Champignons und die Kartoffeln dazugeben. Alles gut umrühren.

5 Nach weiteren fünf Minuten das Ganze mit dem Weißwein und der Gemüsebrühe ablöschen. Die Lorbeerblätter auch gleich mit in die Suppe geben. Alles weitere fünf Minuten köcheln lassen.

6 Nun das Tomatenmark zugeben und die genannten Gewürze zum Abschmecken verwenden.

7 Zu guter Letzt den Gemüse-Schweinefleisch-Eintopf weitere 40 Minuten köcheln lassen.

HACKKNÖDEL-GEMÜSE-EINTOPF

4 Port. 55 Min. Einfach

Zutaten

1 Bund Suppengrün
2 Zwiebeln
2 Dosen Kichererbsen
1 Ei
1 Dose Tomaten (gehackt)
2 Esslöffel Paniermehl
250 ml Gemüsebrühe
500 g Hack (gemischt)
3 Esslöffel Tomatenmark
1 Prise Zucker
3 Esslöffel Olivenöl
Pfeffer
Salz

Nährwerte p. P.

682 kcal
36 g Kohlenhydrate
40 g Fett
39 g Eiweiß

1 Das Suppengrün säubern und in kleine Stücke zerteilen. Die Zwiebeln ohne Schale in feine Würfel verwandeln.

2 Im Anschluss das Olivenöl im Kessel heiß werden lassen und hier das Suppengrün sowie die Hälfte der Zwiebeln andünsten.

3 Das Ganze dann mit den Dosentomaten und der Gemüsebrühe löschen.

4 Die Suppe jetzt mit der Prise Zucker, Pfeffer sowie Salz würzen und weiterköcheln lassen.

5 In der Zwischenzeit die übrigen Zwiebelwürfel mit dem gemischten Hack, dem Tomatenmark, dem Paniermehl, dem Ei sowie Pfeffer und Salz mischen.

6 Aus der Masse kleine Bälle formen und diese in etwas Olivenöl ausbraten.

7 Danach erst die Dose Kichererbsen in den Eintopf rühren und dann die Hackbällchen mit hineinlegen.

8 Den Eintopf erneut fünf Minuten kochen und zum Schluss mit der Prise Zucker, Pfeffer sowie Salz würzen.

METT-TOMATEN-EINTOPF

4 Port. 35 Min. Einfach

Zutaten

1 Dose Tomaten (Stücke)
300 g Hack (Schwein)
1 Bund Frühlingszwiebeln
500 ml Wasser
1 Esslöffel Gemüsebrühe-Pulver
2 Teelöffel Pizzagewürz
125 g Mozzarella
Etwas Basilikum (frisch)
1 Prise Zucker
Pfeffer
3 Esslöffel Olivenöl

Nährwerte p. P.

390 kcal
7 g Kohlenhydrate
27 g Fett
24 g Eiweiß

1 Zwei Esslöffel Olivenöl in den Kessel geben und hier das Schweinehack krümelig anbraten.

2 Währenddessen die Frühlingszwiebeln in feine Ringe teilen und den Mozzarella ebenfalls in diese Form bringen.

3 Jetzt die Frühlingszwiebeln zum Hack geben und alles einmal umrühren.

4 Nach fünf Minuten die Dosentomaten zugeben und anschließend das Ganze mit dem Wasser auffüllen.

5 Alles einmal aufkochen lassen und dann mit dem Pfeffer, dem Pizzagewürz sowie der Prise Zucker würzen.

6 Nach einer weiteren Viertelstunde kann der Eintopf serviert werden.

7 Die Mozzarella-Würfel sowie den zuvor zerhackten Basilikum auf dem Eintopf verteilen.

GYROS-SUPPE

4 Port.

35 Min.

Einfach

Zutaten

600 g Gyros
1 Paprika (rot)
2 Zwiebeln
1 Dose Tomaten (Stücke)
200 g Crème fraîche
500 ml Wasser
Ein halbes Bund Schnittlauch
Etwas Paprikapulver (edelsüß)
Pfeffer
Salz

Nährwerte p. P.

390 kcal
7 g Kohlenhydrate
28 g Fett
24 g Eiweiß

1 Zuerst die Zwiebeln aus der Schale lösen und diese in feine Würfel zerteilen. Die Paprika säubern, entkernen und in dieselbe Form schneiden.

2 Dann das Olivenöl im Kessel erhitzen und hier das Gyros mit den Zwiebel- sowie den Paprikawürfeln anbraten.

3 Alles ausgiebig mit Pfeffer, Paprikapulver sowie Salz würzen.

4 Anschließend die Dosentomaten zugießen und die Tomaten im Kessel zerdrücken.

5 Die Suppe dann eine Viertelstunde vor sich hin köcheln lassen.

6 Mit einem Klecks Crème fraîche sowie dem zuvor zerhackten Schnittlauch die Gyrossuppe servieren.

UNGARISCHER PAPRIKA-HACK-TOPF

4 Port.

45 Min.

Einfach

Zutaten

3 Knoblauchzehen
500 g Hack (gemischt)
1 Paprika (gelb)
1 Paprika (rot)
2 Zwiebeln
150 g Reis
500 g Sauerkraut
300 g Mais (Dose)
Etwas Majoran
Pfeffer
Salz

Nährwerte p. P.

500 kcal
46 g Kohlenhydrate
21 g Fett
25 g Eiweiß

1 Das gemischte Hack mit etwas Olivenöl im Kessel krümelig anbraten.

2 Dann die Zwiebeln sowie die Knoblauchzehen aus ihren Schalen lösen und würfeln. Beide Zutaten zum Hack geben und mitbraten.

3 Jetzt das Sauerkraut abtropfen lassen. Dieses grob zerschneiden und ebenfalls zum Hack geben.

4 Das Ganze gute fünf Minuten schmoren lassen und erst danach mit Pfeffer sowie Salz würzen.

5 Im Anschluss das Wasser mit dem Reis in den Kessel geben. Alles gut umrühren und ungefähr 20 Minuten köcheln lassen.

6 Währenddessen die gelbe und die rote Paprika entkernen sowie würfeln. Diese dann zum Schluss mit dem abgetropften Mais zusammen in den Eintopf geben.

7 Das Ganze dann erneut zehn Minuten köcheln lassen.

GRAUPEN-EINTOPF

4 Port.

70 Min.

Einfach

Zutaten

2 Stangen Lauch
2 Zwiebeln
200 g Graupen
1 Karotte
1 Sellerieknolle
500 g Rindergulasch
1 l Wasser
250 g Kartoffeln
1 Bund Petersilie
Pfeffer
Salz

Nährwerte p. P.

554 kcal
54 g Kohlenhydrate
18 g Fett
34 g Eiweiß

1 Die Graupen unter fließendem Wasser abspülen und am besten über Nacht einweichen.

2 Dann die Graupen mitsamt dem Rindergulasch in den Kessel geben und alles mit Wasser bedecken. Das Ganze dann im Kessel eine Stunde kochen lassen.

3 Währenddessen die Lauchstangen, die Karotte sowie die Kartoffeln in Ringe bzw. Würfel zerteilen. Die Petersilie hingegen fein zerhacken.

4 Nach der Stunde Garzeit das kleingeschnittene Gemüse zum Graupen-Rindergulasch-Mix geben. Eventuell noch etwas Wasser zugießen.

5 Den Graupen-Eintopf mit Pfeffer sowie Salz geschmacklich verfeinern.

BAUERN-EINTOPF

4 Port.

60 Min.

Einfach

Zutaten

500 g Hack (gemischt)
250 g Paprika (rot, gelb, grün)
450 g Kartoffeln
2 Esslöffel Olivenöl
200 g Schmand
2 Karotten
3 Esslöffel Tomatenmark
380 g gehackte Tomaten (Dose)
290 ml Gemüsebrühe
1 Prise Zucker
Etwas Paprikapulver (rosenscharf)
Salz

Nährwerte p. P.

584 kcal
37 g Kohlenhydrate
36 g Fett
26 g Eiweiß

1 Sowohl die Kartoffeln als auch die Karotten von ihrer Schale lösen und in Würfel teilen.

2 Die Paprikas ebenfalls in diese Form bringen.

3 Jetzt den Kessel mit dem Olivenöl erhitzen und hier das gemischte Hackfleisch krümelig anbraten.

4 Danach das Tomatenmark einrühren und alles mit den Dosentomaten sowie der Gemüsebrühe auffüllen.

5 Sobald das Ganze kocht, die Kartoffeln, die Karotten sowie die Paprika dazugeben und alles circa eine halbe Stunden köcheln lassen.

6 Zum Schluss noch den Schmand unterrühren und den Eintopf mit Paprikapulver, Pfeffer und Salz geschmacklich verfeinern.

SPARGEL-HÜHNCHEN-EINTOPF

4 Port. 45 Min. Einfach

Zutaten

1 Mango
500 g Hähnchenbrustfilets
600 g Spargel (weiß)
1 l Brühe
2 Esslöffel Currypulver
1 Teelöffel Ingwerpulver
250 ml Sahne
3 Esslöffel Öl
Pfeffer
Salz

Nährwerte p. P.

439 kcal
16 g Kohlenhydrate
27 g Fett
32 g Eiweiß

1 Zuerst die Hähnchenfilets in kleine Stücke zerteilen.

2 Dann den Spargel von seiner Schale befreien und diesen ebenfalls stückeln.

3 Die Mango aus der Schale lösen, den Kern entfernen und das Fruchtfleisch in Würfel verwandeln.

4 Jetzt das Öl im Kessel erhitzen und hier die Fleischwürfel anbraten.

5 Anschließend die Brühe zugießen und alles eine Viertelstunde köcheln lassen.

6 Dann den Spargel zugeben und erneut fünf Minuten garen.

7 Danach die Mango-Stücke zufügen und nach weiteren fünf Minuten die Sahne zugießen.

8 Zum Schluss alles mit Currypulver, Pfeffer sowie Salz geschmacklich verfeinern.

Hauptgerichte mit Fleisch

SAUERKRAUT-SPECK-KARTOFFELN

4 Port. 45 Min. Einfach

Zutaten

250 g Speck (gewürfelt)
500 g Kartoffeln
500 g Sauerkraut
1 Zwiebel
1 l Wasser
1 Esslöffel Kümmel
1 Lorbeerblatt
3 Esslöffel Öl

Nährwerte p. P.

391 kcal
24 g Kohlenhydrate
25 g Fett
15 g Eiweiß

1 Zuerst die Kartoffeln von ihrer Schale befreien und würfeln. Die Zwiebel hingegen ohne Schale fein zerhacken.

2 Jetzt das Öl im Kessel erhitzen und hier den Speck mit den Zwiebeln anbraten.

3 Anschließend die Kartoffelwürfel zufügen und alles weitere fünf Minuten braten.

4 Das Ganze dann mit einem Liter Wasser löschen und weitere 20 Minuten köcheln lassen.

5 Nun das Sauerkraut mit in den Kessel geben. Alles einmal ordentlich umrühren und mit dem Kümmel verfeinern.

6 Die Sauerkraut-Speck-Kartoffeln erneut zehn Minuten vor sich hin garen lassen.

CABANOSSI-KESSEL

5 Port.

90 Min.

Einfach

Zutaten

250 ml Fleischbrühe
500 g Schweinegulasch
300 g Cabanossi
800 g Kartoffeln
2 Zwiebeln
1 Paprika (rot)
1 Paprika (grün)
1 Esslöffel Tomatenmark
1 Teelöffel Paprikapulver (edelsüß)
3 Esslöffel Sonnenblumenöl
1 Teelöffel Kümmel
1 Esslöffel Majoran
Etwas Chilipulver
Pfeffer
Salz

Nährwerte p. P.

582 kcal
32 g Kohlenhydrate
42 g Fett
35 g Eiweiß

1 Das Sonnenblumenöl im Kessel erhitzen. Hier das Schweinegulasch anbraten.

2 Jetzt die Zwiebeln aus der Schale nehmen und in Würfel zerteilen. Die Zwiebelwürfel zum Gulasch in den Kessel geben. Das Ganze mit Pfeffer, Chilipulver, Kümmel, Majoran sowie Salz geschmacklich verfeinern.

3 Anschließend das Tomatenmark ins Gulasch einrühren.

4 Während das Ganze noch ein wenig vor sich hin köchelt, die Kartoffeln aus der Schale lösen und in Stücke teilen. Diese dann ebenfalls in den Kessel geben.

5 Jetzt einen Teil der Fleischbrühe zugießen und warten, bis die Kartoffeln gar sind.

6 Währenddessen die Paprikas in Würfel teilen und die Cabanossis in Scheiben verwandeln.

7 Beides in den Kessel geben, sobald die Kartoffeln gar sind.

8 Dann die übrige Fleischbrühe zugießen und alles erneut kräftig salzen.

9 Eine gute halbe Stunde muss das Ganze jetzt noch köcheln.

CHILI CON CARNE

6 Port. 70 Min. Einfach

Zutaten

500 g Hack (gemischt)
500 g Tomaten (passiert)
3 Möhren
2 Paprika (rot)
2 Chilischoten
3 Zwiebeln
3 Knoblauchzehen
1 Dose Mais
3 Dosen Kidneybohnen
75 g Tomatenmark
500 ml Fleischbrühe
4 Esslöffel Chili-Öl
1 l Wasser
Pfeffer
Salz

Nährwerte p. P.

397 kcal
59 g Kohlenhydrate
22 g Fett
24 g Eiweiß

1 Die Zwiebeln, die Möhren sowie die Knoblauchzehen von ihrer Schale befreien und in kleine Würfel zerteilen. Auch die Paprikas würfeln.

2 Danach die Kidneybohnen sowie den Mais abtropfen lassen.

3 Jetzt in den Kessel das Chili-Öl geben und dieses erhitzen.

4 Die Knoblauch-, Paprika- sowie Zwiebelwürfel darin andünsten.

5 Anschließend das gemischte Hack zugeben und dieses krümelig anbraten. Mit Pfeffer sowie Salz verfeinern.

6 Nun das Tomatenmark in den Hack-Mix rühren und nach fünf Minuten alles mit den passierten Tomaten und den zuvor klein zerhackten Chilischoten löschen.

7 Danach die Fleischbrühe zugießen und alles 20 Minuten köcheln lassen.

8 Im Anschluss die Möhren dazugeben und das Ganze erneut 20 Minuten garen lassen.

9 Zu guter Letzt den Mais und die Kidneybohnen sowie ein Liter Wasser einrühren. Alles so lange köcheln lassen, bis sich die Flüssigkeit fast um die Hälfte reduziert hat.

OFENTOPF NACH ELSÄSSER ART

4 Port. | 180 Min. | Mittel

Zutaten

500 g Gulasch (gemischt)
1000 g Kartoffeln
100 g Speck (durchwachsen)
2 Zwiebeln
2 Stangen Lauch
250 ml Fleischbrühe
2 Knoblauchzehen
2 Esslöffel Senf (grob)
250 ml Weißwein (trocken)
3 Esslöffel Öl
Etwas Thymian
Etwas Majoran
Pfeffer
Salz

Nährwerte p. P.

547 kcal
49 g Kohlenhydrate
20 g Fett
38 g Eiweiß

1 Das gemischte Gulasch sowie den durchwachsenen Speck klein würfeln. Beide Zutaten mit dem groben Senf mischen und für eine Stunde in den Kühlschrank stellen.

2 Den Lauch säubern und in feine Ringe zerteilen.

3 Dann die Kartoffeln und die Zwiebeln von der Schale lösen und alles in Würfel verwandeln.

4 Die Kartoffel- und Zwiebelwürfel mit den Lauchringen vermengen.

5 Jetzt das Öl im Kessel erhitzen und hier die Hälfte des Kartoffel-Zwiebel-Lauch-Mix hineingeben. Obenauf das marinierte Fleisch legen und dieses mit dem übrigen Gemüse bedecken.

6 Über das Ganze die Fleischbrühe und den trockenen Weißwein gießen.

7 Bei mittlerer Hitze muss der Ofentopf jetzt zwei Stunden köcheln. Das Ganze zwischendurch immer mal wieder gut umrühren.

8 Zu guter Letzt alles mit dem Thymian, dem Majoran sowie Pfeffer und Salz geschmacklich verfeinern.

GNOCCHI MIT SPECK UND GEMÜSE

4 Port.

60 Min.

Einfach

Zutaten

600 g Gnocchi
1 Kürbis (Hokkaido)
150 g Speck (gewürfelt)
250 ml Sahne
500 ml Gemüsebrühe
2 Zwiebeln
2 Esslöffel Öl
Pfeffer
Salz

Nährwerte p. P.

641 kcal
66 g Kohlenhydrate
33 g Fett
15 g Eiweiß

1 Die Zwiebeln ohne Schale in feine Würfel teilen.

2 Jetzt das Öl im Kessel erhitzen und hier die Zwiebelwürfel andünsten.

3 Danach den gewürfelten Speck zugeben und diesen fünf Minuten mitbraten lassen.

4 Das Ganze anschließend mit der Gemüsebrühe löschen.

5 Nun die Gnocchi zugeben und alles zehn Minuten köcheln lassen.

6 Währenddessen den Kürbis aus seiner Schale lösen, die Kerne entfernen und das Fruchtfleisch stückeln.

7 Den Kürbis ebenfalls in den Kessel geben und erneut zehn Minuten köcheln lassen.

8 Zum Schluss die Sahne zugießen und alles mit Pfeffer sowie Salz abschmecken.

SPAGHETTI BOLOGNESE

 4 Port.

 60 Min.

 Einfach

Zutaten

500 g Spaghetti
500 g Hack (gemischt)
2 Zwiebeln
12 Tomaten
2 Esslöffel Sahne
2 Esslöffel Tomatenmark
2 Handvoll Basilikum (frisch)
2 Esslöffel Öl
Pfeffer
Salz

Nährwerte p. P.

797 kcal
96 g Kohlenhydrate
28 g Fett
37 g Eiweiß

1 Die Zwiebeln aus der Schale nehmen und würfeln.

2 Nun die Tomaten in dieselbe Form bringen.

3 Anschließend das Öl im Kessel erhitzen und die Zwiebelwürfel darin anbraten.

4 Danach das gemischte Hack zugeben, mit Pfeffer sowie Salz würzen und krümelig anbraten.

5 Jetzt das Tomatenmark sowie die Tomatenwürfel zum Hack geben und alles eine weitere Viertelstunde garen.

6 Im Anschluss die Sahen zugießen und die Spaghetti zufügen.

7 Sollte nicht genügend Flüssigkeit vorhanden sein, um die Nudeln zu garen, noch ein wenig Wasser zugeben.

8 Alles so lange köcheln lassen, bis die Spaghetti bissfest gegart sind.

9 Zum Schluss alles mit Pfeffer sowie Salz verfeinern.

HÄHNCHEN-CURRY

4 Port.

50 Min.

Einfach

Zutaten

4 Hühnerbrustfilets
400 ml Sahne
200 g Orangen
200 ml Milch
200 g Ananas
2 Esslöffel Currypulver
2 Esslöffel Öl
Pfeffer
Salz

Nährwerte p. P.

503 kcal
19 g Kohlenhydrate
35 g Fett
26 g Eiweiß

1 Zuerst die Ananas sowie die Orangen aus der Schale nehmen und das Fruchtfleisch in Würfel zerteilen.

2 Dann die Sahne samt der Milch im Kessel erhitzen.

3 Während der Sahne-Milch-Mix sich erwärmt, die Hähnchenbrustfilets in Würfel verwandeln.

4 Diese dann ebenfalls in den Kessel geben und ungefähr zehn Minuten garen.

5 Anschließend die Ananas- sowie Orangenwürfel dazugeben und alles mit dem Currypulver verfeinern.

6 Das Ganze nach dem Umrühren erneut zehn Minuten köcheln lassen.

7 Zum Schluss das Curry mit Pfeffer sowie Salz geschmacklich abrunden.

SCHINKEN-NUDELN

4 Port. 40 Min. Einfach

Zutaten

500 g Kochschinken
500 g Farfalle
350 g Crème fraîche
1 Knoblauchzehe
1 Zwiebel
2 Handvoll Petersilie (frisch)
2 Esslöffel Öl

Nährwerte p. P.

776 kcal
69 g Kohlenhydrate
36 g Fett
41 g Eiweiß

1 Die Knoblauchzehe sowie die Zwiebel aus der Schale nehmen und fein würfeln.

2 Dann das Öl im Kessel erhitzen und hier die Zwiebel andünsten. Sobald sich die Zwiebelwürfel glasig zeigen, den Knoblauch zufügen.

3 Während das Ganze noch weitere zehn Minuten vor sich hin gart, den Schinken in Würfel zerteilen. Diesen dann ebenfalls in den Kessel geben.

4 Nach weiteren zehn Minuten die Crème fraîche einrühren und alles mit Pfeffer sowie Salz abschmecken.

5 Zu guter Letzt die Nudeln dazugeben und diese in der Soße al dente kochen.

HÄHNCHEN-KARTOFFEL-KESSEL

4 Port.

50 Min.

Einfach

Zutaten

6 Kartoffeln (groß)
500 g Hühnerbrustfilets
4 Tomaten
500 ml Gemüsebrühe
2 Zwiebeln
1 Prise Majoran (getrocknet)
1 Prise Thymian (getrocknet)
2 Esslöffel Öl
Pfeffer
Salz

Nährwerte p. P.

289 kcal
24 g Kohlenhydrate
7 g Fett
31 g Eiweiß

1 Die Zwiebeln aus ihrer Schale lösen und in kleine Würfel zerteilen.

2 Dann das Öl im Kessel erhitzen und hier die Zwiebelwürfel glasig braten.

3 Anschließend die Hühnerbrustfilets würfeln und diese zu den Zwiebeln geben.

4 Sobald das Fleisch gar ist, die Brühe zugießen und alles einmal zum Kochen bringen.

5 Von den Kartoffeln ebenfalls die Schale entfernen und diese würfeln.

6 Die Kartoffelwürfel ebenfalls in den Kessel geben und alles eine Viertelstunde garen lassen.

7 Währenddessen die Tomaten würfeln und diese dann zum Rest geben.

8 Nach weiteren zehn Minuten alles mit Pfeffer sowie Salz geschmacklich abrunden.

Hauptgerichte mit Fisch

FISCH-SUPPE

4 Port.

35 Min.

Einfach

Zutaten

700 g Fischfilets
3 Karotten
1 Stange Staudensellerie
1 Stange Lauch
2 l Gemüsebrühe
1 Bund Dill (frisch)
Pfeffer
Salz

Nährwerte p. P.

203 kcal
6 g Kohlenhydrate
2 g Fett
39 g Eiweiß

1 Den Fisch säubern und in kleine Stücke teilen.

2 Die Möhren von ihrer Schale befreien und in feine Stifte zerschneiden.

3 Den Lauch sowie den Staudensellerie hingegen in kleine Würfel verwandeln.

4 Jetzt die Gemüsebrühe im Kessel zum Kochen bringen und hier die Fischstücke hineingeben.

5 Das Ganze eine Viertelstunde garen.

6 Danach das gesamte Gemüse zufügen und alles erneut eine Viertelstunde garen.

7 Zu guter Letzt den Fisch-Eintopf mit Pfeffer sowie Salz würzen.

FISCH-GULASCH

2 Port. 50 Min. Einfach

Zutaten

500 g Fischfilet (2 Stück)
400 g Champignons (frisch)
1 l Gemüsebrühe
4 Zwiebeln
Saft einer Zitrone
3 Esslöffel Öl
2 Esslöffel Essig
1 Esslöffel Paprikapulver
1 Teelöffel Currypulver
Pfeffer
Salz

Nährwerte p. P.

785 kcal
15 g Kohlenhydrate
50 g Fett
66 g Eiweiß

1 Zuerst die Zitrone auspressen und hier die zwei Fischfiletstücke gut eine Viertelstunde einlegen.

2 Anschließend den Fisch mit Salz bestreuen.

3 Jetzt von den Zwiebeln die Schale entfernen und diese in kleine Würfel teilen.

4 Das Öl im Kessel erhitzen und die Zwiebelwürfel darin anbraten.

5 Die Champignons säubern, würfeln und zu den Zwiebeln geben.

6 Dann den Fisch zum Zwiebel-Champignon-Mix geben und diesen kurz mitdünsten. Nach circa fünf bis zehn Minuten die Gemüsebrühe zugießen.

7 Alles ungefähr 20 Minuten köcheln lassen.

8 Zu guter Letzt das Fisch-Gulasch mit Essig, Pfeffer, Salz, Paprika- sowie Currypulver verfeinern.

LACHS-PASTA

4 Port. 50 Min. Einfach

Zutaten

4 Lachsfilets
2 Zwiebeln
500 g Pasta (nach Wahl)
250 g Schmelzkäse
5 Tomaten
250 ml Wasser
1 Stange Lauch
Eine Handvoll Basilikum (frisch)
3 Esslöffel Öl
Pfeffer
Salz

Nährwerte p. P.

623 kcal
115 g Kohlenhydrate
11 g Fett
12 g Eiweiß

1 Den Lauch kurz abbrausen und in feine Ringe zerteilen.

2 Die Tomaten in Würfel verwandeln und die Zwiebeln ohne Schale in dieselbe Form bringen.

3 Jetzt das Öl im Kessel erhitzen und hier die Zwiebelwürfel anbraten.

4 Danach die Lauchringe zugeben und alles zehn Minuten garen lassen.

5 Jetzt die Lachsfilets stückeln, zum Lauch-Zwiebel-Mix geben und alles weitere fünf Minuten garen.

6 Das Ganze dann mit dem Wasser löschen.

7 Nun den Schmelzkäse einrühren und alles weitere zehn Minuten köcheln lassen.

8 Währenddessen das Basilikum fein zerhacken und dieses mit den Tomaten in den Kessel geben.

9 Dann die Nudeln zufügen und alles weitere fünf bis zehn Minuten garen.

10 Zum Schluss die Lachs-Pasta mit Pfeffer sowie Salz würzen.

BROKKOLI-LACHS-PASTA

4 Port.

45 Min.

Einfach

Zutaten

1000 g Brokkoli
500 g Lachsfilet
600 g Nudeln
(nach Wahl)
200 g Crème fraîche
300 ml Wasser
Pfeffer
Salz

Nährwerte p. P.

596 kcal
34 g Kohlenhydrate
43 g Fett
21 g Eiweiß

1 Zuerst den Fisch kurz abbrausen, trocknen und in Würfel teilen.

2 Den Brokkoli in kleine Röschen trennen.

3 Jetzt das Wasser im Kessel aufkochen und hier die Brokkoli-Röschen garen.

4 Danach die Crème fraîche einrühren und die Lachsstücke zugeben.

5 Nach zehn Minuten die Nudeln dazugeben und alles mit Pfeffer sowie Salz geschmacklich verfeinern.

6 Nach weiteren zehn Minuten ist die Brokkoli-Lachs-Pasta dann servierfertig.

FISCH-GESCHNETZELTES

4 Port.

40 Min.

Einfach

Zutaten

800 g Fischfilet
250 g Garnelen
2 Zwiebeln
100 g Speck (gewürfelt)
2 Stangen Lauch
6 Frühlingszwiebeln
4 Möhren
200 g Sellerie
2 Knoblauchzehen
500 g Kartoffeln
16 Cocktail-Tomaten
300 ml Weißwein (trocken)
4 Esslöffel Tomatenmark
1,5 l Gemüsebrühe
3 Esslöffel Olivenöl
Saft von zwei Zitronen
1 Esslöffel Petersilie (frisch)
2 Lorbeerblätter
Etwas Kurkuma
Etwas Paprikapulver
Pfeffer
Salz

Nährwerte p. P.

460 kcal
15 g Kohlenhydrate
5 g Fett
14 g Eiweiß

1 Zuerst die Zwiebeln, die Kartoffeln sowie die Möhren von ihrer Schale lösen und alles in kleine Würfel zerteilen.

2 Den Sellerie ebenfalls würfeln. Den Lauch sowie die Frühlingszwiebeln hingegen in Ringe teilen und die Cocktail-Tomaten vierteln.

3 Danach die Knoblauchzehen aus der Schale lösen und diese fein zerhacken. Gleiches mit der Petersilie vornehmen.

4 Nun das Olivenöl im Kessel erhitzen und hier die Zwiebelwürfel und den Speck anbraten.

5 Anschließend die Möhren sowie den Sellerie zufügen. Danach folgt der zerhackte Knoblauch.

6 Jetzt das Tomatenmark einrühren und nach weiteren fünf Minuten alles mit dem Weißwein und der Gemüsebrühe löschen.

7 Im Anschluss die gewürfelten Kartoffeln zugeben und alles eine Viertelstunde köcheln lassen.

8 Das Ganze mit den genannten Kräutern sowie Gewürzen und dem Zitronensaft geschmacklich verfeinern.

9 Danach die Cocktail-Tomaten, Frühlingszwiebeln, den Fisch sowie die Garnelen in den Kessel geben und alles weitere zehn Minuten garen lassen.

PAPRIKA-FISCH-MIX

4 Port. 40 Min. Einfach

Zutaten

900 g Fischfilet
300 g Garnelen
400 ml Kokosnussmilch
Saft einer Zitrone
5 Oliven (schwarz)
1 Zwiebel
2 Peperoni
900 g Tomaten
3 Knoblauchzehen
3 Paprikas (rot)
1 Bund Koriander (frisch)
1 Esslöffel Sambal Olek
3 Esslöffel Olivenöl
Salz

Nährwerte p. P.

497 kcal
7 g Kohlenhydrate
26 g Fett
59 g Eiweiß

1 Den Fisch abbrausen, trocknen und in Würfel zerteilen.

2 Die Peperoni sowie die Paprikas in die dieselbe Form bringen.

3 Die Knoblauchzehen und die Zwiebel ohne Schale fein hacken.

4 Jetzt noch die Oliven in kleine Stückchen teilen und die Tomaten würfeln. Dann die Zitrone auspressen.

5 Anschließend den Fisch sowie die Garnelen mit dem Zitronensaft beträufeln.

6 Das Olivenöl im Kessel erhitzen, hier den Fisch und die Garnelen kurz anbraten und dann aus dem Kessel nehmen.

7 In demselben Öl dann den Knoblauch und die Zwiebeln anbraten.

8 Anschließend die Peperoni, die Paprikas sowie die Tomaten zufügen und alles 20 Minuten köcheln lassen.

9 Nun die Kokosnussmilch sowie die Garnelen und den Fisch zugeben.

10 Das Ganze einmal aufkochen und mit Pfeffer, Sambal Olek und Salz abschmecken.

MUNGOBOHNENSPROSSEN-FISCH-GULASCH

4 Port.

40 Min.

Einfach

Zutaten

600 g Seelachsfilet
500 g Shrimps
400 ml Sahne
2 Dosen Kokosnussmilch (ungesüßt)
1 Glas Mungobohnensprossen
4 Knoblauchzehen
1 Paprika (rot)
2 Zwiebeln
4 Esslöffel Austernsoße
3 Esslöffel Currypaste
3 Esslöffel Olivenöl
Pfeffer
Salz

Nährwerte p. P.

332 kcal
4 g Kohlenhydrate
32 g Fett
72 g Eiweiß

1 Die Zwiebeln ohne Schale sowie die Paprika in Würfel verwandeln. Die Seelachsfilets ebenfalls würfeln.

2 Dann die Knoblauchzehen aus der Schale nehmen und diese fein zerhacken.

3 Jetzt das Olivenöl im Kessel erwärmen und die Zwiebelwürfel sowie den gehackten Knoblauch hier anbraten.

4 Die Mungobohnensprossen abgießen und mit den Paprikawürfeln zum Knoblauch-Zwiebel-Mix geben.

5 Nach zehn Minuten die Kokosnussmilch sowie die Sahne zugießen.

6 Nach weiteren fünf Minuten die Currypaste und die Austernsoße einrühren.

7 Das Ganze mit Pfeffer sowie Salz würzen.

8 Zu guter Letzt den Fisch sowie die Shrimps dazugeben und erneut fünf Minuten köcheln.

KABELJAU-GULASCH MIT CHAMPIGNONS

2 Port.

30 Min.

Einfach

Zutaten

300 g Kabeljau
150 g Zwiebeln
3 Knoblauchzehen
150 g Champignons (frisch)
500 ml Gemüsebrühe
1 Esslöffel Crème fraîche
2 Esslöffel Paprikapulver (edelsüß)
2 Esslöffel Olivenöl
Pfeffer
Salz

Nährwerte p. P.

328 kcal
12 g Kohlenhydrate
4 g Fett
60 g Eiweiß

1 Die Zwiebeln aus der Schale nehmen und in Würfel zerteilen.

2 Danach die Knoblauchzehen schalenlos fein zerhacken.

3 Den Kabeljau hingegen kurz abbrausen, trocknen und ebenfalls stückeln.

4 Dann die Champignons säubern und vierteln.

5 Anschließend das Olivenöl im Kessel erhitzen und hier kurz die Zwiebeln rösten und dann die Champignons zugeben.

6 Das Paprikapulver unterrühren und alles mit der Gemüsebrühe auffüllen.

7 Jetzt den Knoblauch sowie die Kabeljau-Stücke dazugeben. Alles circa zehn Minuten köcheln lassen.

8 Zu guter Letzt die Crème fraîche ins Gulasch rühren und alles mit Pfeffer sowie Salz würzen.

TOMATEN-PAPRIKA-FISCH

2 Port. 90 Min. Einfach

Zutaten

400 g Kabeljau
Saft einer Zitrone
3 Esslöffel Olivenöl
125 g Cocktail-Tomaten
1 Zwiebel
1 Knoblauchzehe
50 g Weizenmehl
3 Esslöffel Rotwein (trocken)
1 Esslöffel Paprikapulver (edelsüß)
1 Paprika (grün)
500 ml Gemüsebrühe
2 Esslöffel Crème fraîche
Ein halber Teelöffel Paprikapulver (scharf)

Nährwerte p. P.

395 kcal
6 g Kohlenhydrate
19 g Fett
30 g Eiweiß

1 Den Kabeljau kurz abwaschen, trocknen und in Würfel zerteilen.

2 Dann die Zwiebel aus der Schale nehmen und diese in dieselbe Form schneiden.

3 Den Knoblauch ohne Schale fein zerhacken.

4 Jetzt noch die Paprika in feine Streifen teilen und die Cocktail-Tomaten vierteln.

5 Die Zitrone auspressen und den Kabeljau mit dem Saft beträufeln.

6 Anschließend das Olivenöl im Kessel erwärmen und hier die Kabeljau-Würfel braten.

7 Den Fisch dann herausnehmen und in dem Öl die Zwiebel sowie den Knoblauch anrösten.

8 Dann das Paprikapulver, die Paprikastreifen sowie das Weizenmehl zugeben und alles gut verrühren.

9 Das Ganze mit der Gemüsebrühe löschen und zehn Minuten köcheln lassen.

10 Im Anschluss den Kabeljau mit den Cocktail-Tomaten dazugeben und alles weitere fünf Minuten köcheln lassen.

11 Zu guter Letzt die Crème fraîche und den trockenen Rotwein einrühren und das Fischgulasch mit Pfeffer sowie Salz verfeinern.

CURRY-KABELJAU MIT REIS

4 Port.

60 Min.

Einfach

Zutaten

600 g Kabeljau
10 g Ingwer
1 Esslöffel Zitronensaft
1 Prise Koriander
400 ml Kokosnussmilch
240 g Reis
1 Zwiebel
500 ml Wasser
1 Esslöffel Fischsoße
3 Tomaten
3 Esslöffel Olivenöl
1 Esslöffel Currypaste (rot)

Nährwerte p. P.

323 kcal
8 g Kohlenhydrate
24 g Fett
40 g Eiweiß

1 Den Kabeljau unter Wasser abbrausen, trocknen und in Würfel teilen.

2 Den Ingwer aus der Schale lösen und fein zerhacken.

3 Dann die Zwiebel ohne Schale sowie die Tomaten in feine Würfel verwandeln.

4 Jetzt den Kabeljau mit dem Zitronensaft beträufeln und mit dem gemahlenen Koriander sowie Ingwer bestreuen.

5 Jetzt das Wasser im Kessel aufkochen und den Reis darin garen.

6 Danach den Reis herausnehmen und das Olivenöl im Kessel erhitzen. Hier den Kabeljau rösten.

7 Diesen dann ebenfalls aus dem Kessel nehmen und im selben Öl dann die Zwiebelstücke anbraten.

8 Anschließend die Currypaste einrühren und das Ganze mit der Kokosnussmilch löschen.

9 Nach circa zehn Minuten die Tomaten, den Kabeljau sowie die Fischsoße zugeben.

10 Zum Schluss das Ganze mit Pfeffer und Salz geschmacklich verfeinern.

SEELACHS-GARNELEN-TOMATEN-EINTOPF

4 Port.

60 Min.

Einfach

Zutaten

250 ml Weißwein (trocken)
250 g Garnelen
600 g Seelachs
1 Paprika (rot)
300 g Cocktail-Tomaten
800 g gehackte Tomaten (Dose)
1 Bund Petersilie (frisch)
2 Lorbeerblätter
2 Zwiebeln
2 Knoblauchzehen
3 Esslöffel Olivenöl
1 Prise Zucker
Pfeffer
Salz

Nährwerte p. P.

278 kcal
11 g Kohlenhydrate
13 g Fett
42 g Eiweiß

1 Zuerst die Knoblauchzehen und die Zwiebeln aus der Schale nehmen und Beides fein zerhacken.

2 Gleiches mit der Petersilie vornehmen.

3 Den Seelachs hingegen würfeln. Die Paprika ebenfalls.

4 Dann das Olivenöl im Kessel erwärmen und die gehackten Zwiebeln, den Knoblauch sowie die Paprika darin rösten.

5 Nach fünf Minuten den Weißwein zugießen, alles einmal aufkochen und dann weitere zehn Minuten köcheln lassen.

6 Danach die Cocktail-Tomaten dazugeben, alles erneut aufkochen und dann ungefähr 20 Minuten köcheln lassen.

7 Jetzt das Ganze mit den Lorbeerblättern, einer Prise Zucker sowie Pfeffer und Salz verfeinern.

8 Im Anschluss den Seelachs in den Eintopf geben und sechs Minuten weiter köcheln lassen.

9 Zum Schluss die Garnelen sowie die Petersilie zufügen.

SEELACHS-SPAGHETTI

2 Port.

45 Min.

Mittel

Zutaten

400 g Cocktail-Tomaten
150 g Seelachsfilet
100 g Spaghetti
100 ml Gemüsebrühe
1 Knoblauchzehe
4 Stiele Thymian
3 Esslöffel Olivenöl
1 Prise Zucker
Pfeffer
Salz

Nährwerte p. P.

425 kcal
21 g Kohlenhydrate
12 g Fett
23 g Eiweiß

1 Zuerst die Cocktail-Tomaten in Hälften schneiden.

2 Die Knoblauchzehe aus der Schale nehmen und fein zerhacken.

3 Den Thymian erst vom Stiel nehmen und dann ebenfalls klein hacken.

4 Jetzt etwas Wasser im Kessel zum Kochen bringen und hier die Spaghetti garen.

5 Diese anschließend herausnehmen und abtropfen lassen.

6 Anschließend im Kessel das Olivenöl erhitzen und den zerhackten Knoblauch anbraten.

7 Danach den Thymian sowie die Cocktail-Tomaten zufügen.

8 Nach circa fünf Minuten die Gemüsebrühe zugießen und das Ganze mit der Prise Zucker, Pfeffer sowie Salz würzen.

9 Nun den Seelachs in Würfel zerteilen und mit etwas Pfeffer und Salz bestreuen. Diesen mit in den Kessel geben und in der Soße circa eine Viertelstunde garen.

10 Nach der Garzeit die Spaghetti zugeben und alles fünf Minuten köcheln lassen.

Vegetarische Hauptgerichte

GEMÜSE-EINTOPF MIT GRAUPEN

4 Port. 60 Min. Einfach

Zutaten

200 g Pastinaken
1 Zwiebel
1 Knoblauchzehe
75 g Perlgraupen
2 Stangen Staudensellerie
40 g Hartkäse (gerieben)
1 Paprika (rot)
1 Dose Tomaten (passiert)
1 Teelöffeln Kapern (Glas)
1 Dose Bohnen (weiß)
1 l Gemüsebrühe
2 Stiele Basilikum (frisch)
1 Esslöffel Sonnenblumenkerne
2 Esslöffel Cranberrys (getrocknet)
Pfeffer
Salz

Nährwerte p. P.

300 kcal
34 g Kohlenhydrate
13 g Fett
10 g Eiweiß

1 Die Zwiebel, die Knoblauchzehe sowie die Pastinaken in feine Würfel teilen.

2 Gleiches mit der Paprika sowie den zwei Stangen Staudensellerie vornehmen.

3 Das frische Basilikum hingegen fein zerhacken.

4 Die weißen Bohnen und die Kapern lediglich abtropfen lassen.

5 Dann das Olivenöl im Kessel erhitzen und hier den Sellerie, die Pastinaken, den Knoblauch und die Zwiebel anbraten.

6 Alles mit den passierten Tomaten sowie der Gemüsebrühe löschen.

7 Jetzt die weißen Bohnen und die Perlgraupen in den Eintopf geben. Das Ganze mit Pfeffer sowie Salz verfeinern und ungefähr zehn Minuten köcheln lassen.

8 Währenddessen die Sonnenblumenkerne mit den Kapern in einer Pfanne mit ein wenig Öl rösten und anschließend mit den getrockneten Cranberrys mischen.

9 Zum Schluss den Eintopf auf Tellern geben und diesen mit dem Hartkäse sowie dem Sonnenblumen-Mix bestreuen.

KARTOFFEL-CHAMPIGNON-EINTOPF

4 Port. 60 Min. Einfach

Zutaten

300 g Champignons (frisch)
2 Lauchzwiebeln
1 Tomate
200 ml Gemüsebrühe
300 g Kartoffeln
2 Paprika (rot)
1 Dose Bohnen (weiß)
3 Esslöffel Tomatenmark
400 g Schafskäse
Salz
2 Esslöffel Olivenöl
2 Teelöffel Paprikapulver (scharf)

Nährwerte p. P.

497 kcal
14 g Kohlenhydrate
39 g Fett
20 g Eiweiß

1 Die Champignons säubern und in Würfel zerteilen.

2 Gleiches mit der Tomate, den Lauchzwiebeln sowie den Paprikas vornehmen.

3 Die Kartoffeln vorab aus ihrer Schale lösen und ebenfalls würfeln.

4 Die weißen Bohnen lediglich abtropfen lassen.

5 Dann das Olivenöl in den Kessel geben und erhitzen. Hier die Lauchzwiebeln mit den Champignons anbraten.

6 Danach de Paprika- und Tomatenwürfel mit dem scharfen Paprikapulver zugeben und alles fünf Minuten braten.

7 Das Ganze dann mit der Gemüsebrühe auffüllen und weitere zehn Minuten köcheln lassen.

8 Anschließend das Tomatenmark einrühren und die weißen Bohnen mit den Kartoffeln in den Eintopf geben.

9 Alls mit Salz verfeinern und weitere 15 Minuten köcheln lassen.

10 Kurz vor dem Servieren den Schafskäse zerbröseln und diesen ebenfalls in den Eintopf rühren.

KARTOFFEL-SAUERKRAUT-EINTOPF MIT SAUERRAHM

2 Port.

60 Min.

Einfach

Zutaten

500 g Kartoffeln
500 g Sauerkraut
125 ml Gemüsebrühe
200 g Sauerrahm
2 Zwiebeln
1 Knoblauchzehe
3 Esslöffel gemischte Kräuter (TK)
2 Esslöffel Paprikapulver (edelsüß)
1 Esslöffel Kümmel
1 Messerspitze Cayennepfeffer
2 Esslöffel Olivenöl

Nährwerte p. P.

443 kcal
47 g Kohlenhydrate
22 g Fett
12 g Eiweiß

1 Die Kartoffeln ohne Schale in Würfel zerteilen. Gleiches mit den Zwiebeln vornehmen.

2 Die Knoblauchzehe hingegen schalenlos fein zerhacken und das Sauerkraut lediglich abtropfen lassen.

3 Dann in dem Kessel mit dem Olivenöl die Knoblauchzehe sowie die Zwiebeln anrösten.

4 Danach die Kartoffeln zugeben und diese kurz mitbraten lassen.

5 Jetzt das Sauerkraut unterheben und alles mit dem Kümmel sowie dem Paprikapulver verfeinern.

6 Anschließend die Gemüsebrühe zugeben und alles einmal aufkochen lassen.

7 Danach den Eintopf noch ungefähr eine Viertelstunde köcheln lassen.

8 Nun das Ganze mit dem Cayennepfeffer abschmecken.

9 Zum Schluss noch den Sauerrahm sowie die gemischten Kräuter einrühren.

PAPRIKA-KARTOFFEL-SUPPE MIT AUSTERNPILZEN

4 Port. 60 Min. Einfach

Zutaten

150 g Austernpilze
1 Bund Frühlingszwiebeln
1 kg Kartoffeln
1 Zucchini
2 Paprikas (rot)
1 Esslöffel Tomatenmark
750 ml Wasser
2 Teelöffel Gemüsebrühe (Pulver)
1 Bund Majoran (frisch)
Ewas Paprikapulver (edelsüß)
2 Esslöffel Sauerrahm
Pfeffer
Salz

Nährwerte p. P.

540 kcal
39 g Kohlenhydrate
8 g Fett
9 g Eiweiß

1 Die Kartoffeln ohne Schale in Viertelstücke teilen.

2 Die Frühlingszwiebeln in Ringe verwandeln und die Austernpilze nach dem Säubern in Hälften schneiden.

3 Jetzt noch die Zucchini würfeln und die Paprikas stückeln.

4 Im Anschluss das Olivenöl im Kessel erhitzen und hier die Kartoffeln anrösten.

5 Danach die Austernpilze sowie die Frühlingszwiebeln zufügen.

6 Nach fünf Minuten auch die Paprikas und die Zucchini in den Kessel geben und alles mit Salz, Paprikapulver sowie Pfeffer würzen.

7 Jetzt noch das Tomatenmark in den Eintopf rühren, kurz anrösten und dann das Wasser mit dem Brühpulver zugeben.

8 Alles einmal aufkochen und dann lediglich eine Viertelstunde köcheln lassen.

9 Nun den zuvor zerhackten Majoran einrühren und alles erneut mit Pfeffer sowie Salz geschmacklich verfeinern.

CHAMPIGNON-BOHNEN-GESCHNETZELTES

 4 Port.  60 Min.  Einfach

Zutaten

1 kg Champignons
1 Zwiebel
300 g Bohnen (grün)
3 Tomaten
2 Lorbeerblätter
2 Esslöffel Tomatenmark
2 Esslöffel Weizenmehl
1 l Wasser
Etwas Petersilie
1 Stiel Thymian
2 Esslöffel Olivenöl
Pfeffer
Salz

Nährwerte p. P.

200 kcal
8 g Kohlenhydrate
9 g Fett
10 g Eiweiß

1 Zuerst die Champignons säubern und in Hälften teilen.

2 Die Zwiebel aus der Schale lösen und dann in feine Würfel verwandeln.

3 Danach die Tomaten achteln.

4 Jetzt den Kessel mit dem Olivenöl unter Feuer setzen und die Zwiebeln mit den halbierten Champignons darin scharf anbraten.

5 Dann die Lorbeerblätter dazugeben und alles mit Pfeffer sowie Salz bestreuen.

6 Anschließend das Tomatenmark einrühren und den Kesselinhalt mit dem Weizenmehl bestäuben. Das Ganze mit dem Wasser löschen und ordentlich umrühren.

7 Nun die Tomaten sowie die Bohnen zufügen und alles fünf Minuten köcheln lassen.

8 Zum Schluss den zuvor gehackten Thymian sowie die Petersilie unterrühren.

9 Alles erneut 20 Minuten garen lassen.

CHAMPIGNON-LUPINEN-GESCHNETZELTES

2 Port. 40 Min. Einfach

Zutaten

200 g Lupinen-Schnetzel
150 g Champignons (frisch)
Eine halbe Zwiebel
2 Esslöffel Olivenöl
1 Esslöffel Tomatenmark
1 Paprika (rot)
200 ml Wasser
Etwas Cayennepfeffer
Pfeffer
Salz

Nährwerte p. P.

200 kcal
8 g Kohlenhydrate
9 g Fett
10 g Eiweiß

1 Die Paprika von ihren Kernen befreien und in dünne Streifen teilen.

2 Dann die Champignons säubern und diese in Scheiben verwandeln.

3 Die Zwiebel ohne Schale würfeln.

4 Anschließend das Olivenöl im Kessel erwärmen und hier die Lupinen goldbraun anbraten. Diese dann erst einmal herausnehmen und beiseitestellen.

5 Im Kessel dann die Paprikastreifen, die Zwiebelwürfel sowie die Champignonscheiben anbraten.

6 Das Ganze mit dem Wasser löschen und mit dem Tomatenmark mischen.

7 Im Anschluss alles einmal aufkochen und dann so lange köcheln lassen, bis das Gemüse gar ist.

8 Zu guter Letzt die Lupinen wieder in den Kessel geben und alles mit den genannten Gewürzen abschmecken.

PAPRIKA-SOJA-GESCHNETZELTES

2 Port. 40 Min. Einfach

Zutaten

1 Paprika (rot)
1 Knoblauchzehe
100 g Sauerrahm
1 Zwiebel
50 g Soja-Schnetzel (Trockenprodukt)
Ein halber Würfel Gemüsebrühe
1 Teelöffel Paprikapulver (scharf)
1 Teelöffel Paprikapulver (edelsüß)
1 Esslöffel Weizenmehl
Etwas Majoran
2 Esslöffel Olivenöl
Salz

Nährwerte p. P.

556 kcal
30 g Kohlenhydrate
30 g Fett
26 g Eiweiß

1 Sowohl die Zwiebel als auch die Knoblauchzehe ohne Schale fein zerhacken.

2 Die Paprika von ihren Kernen lösen und in Würfel zerteilen.

3 Dann den Würfel Gemüsebrühe zerbröseln und mit dem Soja-Schnetzel mischen.

4 Hier dann das Wasser zugießen und das Ganze quellen lassen.

5 Nach ungefähr zehn Minuten die Brühe abgießen und auffangen.

6 Jetzt das Olivenöl im Kessel erhitzen und darin die Zwiebeln, den Knoblauch, das Soja-Schnetzel sowie den Knoblauch anrösten. Das Ganze mit den beiden Paprikapulversorten verfeinern.

7 Nach circa fünf Minuten die aufgefangene Brühe zugießen und alles einmal aufkochen lassen.

8 Zum Schluss das Weizenmehl sowie den Sauerrahm einrühren und alles noch einmal mit den Gewürzen abschmecken.

BOHNEN-LINSEN-MIX-EINTOPF

4 Port. 40 Min. Einfach

Zutaten

2 Kartoffeln
1 Zwiebel
250 g Linsen (rot)
1 Dose Kidneybohnen
1 Dose Mais
1 Knoblauchzehe
2 Esslöffel Butter
500 g Tomaten (passiert)
1250 ml Gemüsebrühe
Etwas Currypulver
Etwas Paprikapulver (edelsüß)
Etwas Chilipulver
Pfeffer
Salz

Nährwerte p. P.

768 kcal
63 g Kohlenhydrate
44 g Fett
29 g Eiweiß

1 Die Zwiebel sowie die Kartoffeln von ihrer Schale befreien und in Würfel zerteilen.

2 Die Knoblauchzehe ohne Schale fein zerhacken.

3 Den Mais und die Kidneybohnen abtropfen lassen.

4 Die Linsen kurz abspülen und ebenfalls abtropfen.

5 Dann die Butter im Kessel erwärmen und darin die zerhackte Knoblauchzehe und die Zwiebelwürfel rösten.

6 Anschließend die Kartoffelwürfel sowie die Linsen zugeben und das Ganze mit dem Paprikapulver bestreuen.

7 Jetzt die Gemüsebrühe zugießen, aufkochen und alles so lange köcheln lassen, bis die Kartoffeln gar sind.

8 Nach circa 30 Minuten dann den Mais sowie die Kidneybohnen zugeben.

9 Alles einmal aufkochen und mit den passierten Tomaten mischen.

10 Zu guter Letzt den Eintopf mit dem Chilipulver, dem Pfeffer, dem Currypulver sowie dem Salz abschmecken.

Vegane Hauptgerichte

KÜRBIS-LINSEN-CURRY

 4 Port.  45 Min.  Einfach

Zutaten

4 Knoblauchzehen
1 Chilischote
4 Möhren
1 Kürbis (Hokkaido)
400 ml Kokosnussmilch
1 Zwiebel
1 Stück Ingwer
200 g Linsen (rot)
1 Teelöffel Currypulver
2 Esslöffel Olivenöl
Pfeffer
Salz

Nährwerte p. P.

543 kcal
39 g Kohlenhydrate
33 g Fett
16 g Eiweiß

1 Den Ingwer sowie die Knoblauchzehen aus ihrer Schale lösen und fein zerhacken.

2 Jetzt die roten Linsen in Wasser einweichen.

3 Den Kürbis und die Zwiebel ebenfalls aus der Schale nehmen und dann in Würfel zerteilen.

4 Die Chilischote entkernen und in feine Streifen verwandeln.

5 Dann die Möhren ohne Schale in feine Scheiben teilen.

6 Im Anschluss das Olivenöl in den Kessel geben und hier die Zwiebel, den Ingwer, die Chilischote sowie den Knoblauch anbraten. Das Ganze mit dem Currypulver bestreuen.

7 Jetzt sowohl die Möhrenscheiben als auch den Kürbis mit in den Kessel geben und alles ordentlich verrühren.

8 Nach gut zehn Minuten die zuvor abgegossenen Linsen zufügen.

9 Alles mit der Kokosnussmilch auffüllen und so lange köcheln lassen, bis das Gemüse gar ist.

10 Zum Schluss das Curry mit Pfeffer sowie Salz geschmacklich verfeinern.

ZUCCHINI-AUBERGINEN-EINTOPF MIT KARTOFFELN

4 Port.

60 Min.

Einfach

Zutaten

400 g Kartoffeln
75 g Oliven (schwarz)
2 Auberginen
2 Zwiebeln
1 Zucchini
2 Knoblauchzehen
250 ml Gemüsebrühe
2 Stangen Staudensellerie
200 g Tomaten
Ein halbes Bund
Oregano (frisch)
Etwas Chilipulver
3 Esslöffel Olivenöl
Salz

Nährwerte p. P.

240 kcal
20 g Kohlenhydrate
14 g Fett
6 g Eiweiß

1 Die Kartoffeln von ihrer Schale lösen und vierteln.

2 Dann die Knoblauchzehen sowie die Zwiebeln ohne Schale in kleine Würfel verwandeln.

3 Jetzt die Aubergine, den Stangensellerie sowie die Zucchini stückeln.

4 Die Tomaten hingegen ebenfalls würfeln.

5 Danach das Olivenöl in den Kessel geben und hier die Kartoffelviertel anbraten.

6 Nach fünf Minuten die Kartoffeln salzen und die Zwiebel- sowie Knoblauchwürfel zufügen.

7 Anschließend nach und nach die Auberginen-, Zucchini- und Selleriestücke mit hineingeben.

8 Dann die Tomatenwürfel und die Gemüsesuppe zum Kartoffel-Gemüse-Mix geben und alles circa zehn Minuten köcheln lassen.

9 Zu guter Letzt den zuvor gehackten Oregano einrühren und den Eintopf mit dem Chilipulver würzen.

GEMÜSE-BOHNEN-EINTOPF

 4 Port.  20 Min.  Einfach

Zutaten

2 Zucchini
3 Frühlingszwiebeln
2 Karotten
2 Dosen Riesenbohnen (weiß)
1 Orange
800 ml Gemüsebrühe
3 Esslöffel Olivenöl
Ein halbes Bund Petersilie
Ein halber Teelöffel Tomatenmark
Pfeffer
Salz

Nährwerte p. P.

310 kcal
43 g Kohlenhydrate
9 g Fett
12 g Eiweiß

1 Die Frühlingszwiebeln in Ringe teilen.

2 Dann die Karotten sowie die Zucchini in Scheiben verwandeln.

3 Die Orange auspressen und die Schale ebenfalls abreiben.

4 Dann die Petersilie fein zerhacken und die weißen Riesenbohnen abtropfen lassen.

5 Jetzt den Kessel mit dem Olivenöl unter Feuer setzen und hier die Frühlingszwiebelringe und die Auberginen- sowie Zucchinischeiben anbraten.

6 Danach das Tomatenmark einrühren und alles weitere fünf Minuten rösten lassen.

7 Das Ganze anschließend mit der Gemüsebrühe sowie dem Saft der Orange löschen.

8 Nun alles einmal aufkochen und dann die Bohnen zum Eintopf geben.

9 Nach ungefähr zehn Minuten etwas Orangenabrieb zufügen und den Eintopf mit Pfeffer sowie Salz würzen.

10 Die gehackte Petersilie beim Servieren über den Eintopf streuen.

QUINOA-ZUCCHINI-EINTOPF

4 Port.

35 Min.

Einfach

Zutaten

400 ml Kokosnussmilch
100 g Quinoa (rot)
2 Zucchini
2 Paprikas (rot)
4 Esslöffel Tomatenmark
2 Knoblauchzehen
2 Esslöffel Paprikapulver (scharf)
2 Esslöffel Paprikapulver (edelsüß)
4 Esslöffel Röstzwiebeln
10 Tomaten (getrocknet)
300 g Cocktail-Tomaten
4 Esslöffel Ajvar
Etwas Oregano (getrocknet)
Pfeffer
Salz

Nährwerte p. P.

505 kcal
42 g Kohlenhydrate
30 g Fett
12 g Eiweiß

1 Die Zucchini, die Paprikas sowie Cocktailtomaten in kleine Stücke teilen.

2 Dann die Knoblauchzehen aus der Schale nehmen und fein hacken. Die getrockneten Tomaten ebenfalls fein stückeln.

3 Jetzt das Quinoa mit 250 Milliliter Wasser in den Kessel geben und ungefähr zehn Minuten garen.

4 Währenddessen die Cocktailtomaten halbieren.

5 Anschließend alle Zutaten außer die Cocktailtomaten und die gehackten, getrockneten Tomaten zum Quinoa geben. Die Kokosnussmilch ebenfalls zugießen.

6 Nach fünf Minuten auch die Tomaten zufügen und alles eine Viertelstunde garen.

7 Den Eintopf zum Schluss mit den Röstzwiebeln sowie den genannten Gewürzen und Kräutern abschmecken.

MEDITERRANE KOHLSUPPE

4 Port. 60 Min. Einfach

Zutaten

10 Wachholderbeeren
500 g Weißkohl
2 l Gemüsebrühe
2 Paprikas (gelb)
2 Paprikas (rot)
500 g Bohnen (grün)
4 Möhren
4 Stangen Staudensellerie
8 Stängel Thymian
4 Stängel Salbei
4 Esslöffel Olivenöl
Pfeffer
Salz

Nährwerte p. P.

297 kcal
24 g Kohlenhydrate
16 g Fett
8 g Eiweiß

1 Die Weißkohlblätter in breite Streifen teilen.

2 Dann die Paprikas in Würfel verwandeln und die Möhren ohne Schale in Scheiben zerteilen.

3 Die grünen Bohnen hingegen säubern und in Hälften schneiden.

4 Den Staudensellerie in Scheiben trennen und die Wacholderbeeren fein zerstoßen.

5 Dann noch die Blätter der Kräuter von den Stielen entfernen.

6 Jetzt im Kessel das Olivenöl erhitzen und hier das komplette Gemüse unter Rühren anbraten.

7 Anschließend die Wacholderbeeren zugeben und das Ganze mit der Gemüsebrühe auffüllen.

8 Die Kohlsuppe mit Pfeffer sowie Salz verfeinern und im Anschluss eine weitere halbe Stunde köcheln lassen.

KÜRBISSUPPE Á LA BRASILIA

4 Port.

50 Min.

Einfach

Zutaten

800 g Butternusskürbis
300 ml Soja-Sahne
4 Esslöffel Pflanzenöl
2 Zwiebeln
1,5 l Gemüsebrühe
500 g Mais (Dose)
2 Knoblauchzehen
2 Paprikas (gelb)
4 Esslöffel Maismehl
1 Teelöffel Currypulver
Etwas Muskatnuss
Pfeffer
Salz

Nährwerte p. P.

334 kcal
46 g Kohlenhydrate
12 g Fett
9 g Eiweiß

1 Den Kürbis von seiner Schale sowie seinen Kernen befreien und das übriggebliebene Fruchtfleisch in Würfel teilen.

2 Sowohl den Zwiebeln als auch den Paprikas dieselbe Form geben.

3 Die Knoblauchzehen ohne Schale fein hacken.

4 Jetzt das Pflanzenöl im Kessel erhitzen und hier die Zwiebeln sowie den Knoblauch dünsten.

5 Danach den Mais, die Paprikastücke sowie die Kürbiswürfel zugeben.

6 Nach circa fünf Minuten das Maismehl und das Currypulver zugeben und alles einmal durchmischen.

7 Das Ganze anschließend mit der Soja-Sahne sowie der Gemüsebrühe auffüllen.

8 Gut eine Dreiviertelstunde darf die Kürbissuppe jetzt köcheln.

9 Zum Schluss einen Teil der Suppe mit dem Pürierstab bearbeiten und das Ganze dann wieder in den Kessel zur übrigen Suppe geben.

ROTE BETE-ANANAS-EINTOPF MIT BOHNEN

4 Port. 50 Min. Einfach

Zutaten

600 g dicke Bohnen (TK)
1000 g Rote Bete
1000 g Ananas
4 Lauchzwiebeln
4 Knoblauchzehen
Etwas Zitronensaft
4 Zwiebeln
2 Esslöffel Gemüsebrühe (Instant)
2 Lorbeerblätter
4 Gewürznelken
6 Stiele Minze
3 Esslöffel Rapsöl
Etwas Piment
Pfeffer
Salz

Nährwerte p. P.

371 kcal
66 g Kohlenhydrate
6 g Fett
15 g Eiweiß

1 Zuerst die dicken Bohnen mit kochendem Wasser überschütten und diese dann abschrecken, so dass die Bohnenkerne jetzt einfach aus der Haut gequetscht werden können.

2 Dann die Rote Bete von ihrer Schale lösen und in Scheiben teilen.

3 Die Zwiebeln ohne Schale in dünne Streifen verwandeln. Die Knoblauchzehen hingegen fein zerhacken.

4 Jetzt noch die Ananas aus der Schale lösen, den Strunk heraustrennen und das Fruchtfleisch würfeln. Die Frühlingszwiebeln in Ringe teilen.

5 Im Anschluss das Rapsöl im Kessel erhitzen und die Knoblauchzehen, die Zwiebeln sowie die Rote Bete-Scheiben darin anbraten.

6 Das Ganze mit zwei Litern Wasser auffüllen und aufkochen lassen.

7 Dann die Gemüsebrühe, die Gewürznelken sowie die Lorbeerblätter zufügen. Alles eine halbe Stunde köcheln lassen.

8 Im Anschluss die dicken Bohnen dazugeben und nach ungefähr zehn Minuten dann die Ananasstücke.

9 Zu guter Letzt den Eintopf mit Pfeffer, Piment, etwas Zitronensaft sowie Salz verfeinern.

SPITZKOHL-MÖHREN-EINTOPF MIT KARTOFFELN

4 Port. 50 Min. Einfach

Zutaten

1 Spitzkohl (groß)
4 Zwiebeln
1000 g Kartoffeln
500 ml Gemüsebrühe
2 Knoblauchzehen
600 g Möhren
200 ml Soja-Sahne
Etwas Rapsöl
Pfeffer
Salz

Nährwerte p. P.

385 kcal
62 g Kohlenhydrate
7 g Fett
12 g Eiweiß

1 Sowohl die Zwiebeln als auch die Kartoffeln aus ihrer Schale lösen und in Würfel zerteilen.

2 Gleiches mit den Möhren vornehmen.

3 Die Knoblauchzehen hingegen schalenlos fein zerhacken.

4 Die Spitzkohlblätter säubern und in feine Streifen verwandeln.

5 Dann das Öl im Kessel erhitzen und hier den zerhackten Knoblauch sowie die Zwiebelwürfel anbraten.

6 Anschließend die Möhren- und Kartoffelwürfel zugeben und circa fünf Minuten mitbraten.

7 Danach die Gemüsebrühe in den Kessel gießen und alles einmal aufkochen. Das Ganze muss jetzt ungefähr 20 Minuten köcheln.

8 Nun den Spitzkohl zufügen und alles erneut zehn Minuten garen lassen.

9 Zum Schluss den Eintopf mit der Soja-Sahne mischen und mit Pfeffer und Salz geschmacklich verfeinern.

STECKRÜBEN-KÜRBIS-EINTOPF

4 Port.

40 Min.

Einfach

Zutaten

2 Hokkaido-Kürbisse (klein)
2 Steckrüben
3 Zwiebeln
9 Stangen Lauch
3 Knoblauchzehen
8 Pimentkörner
8 Pfefferkörner
Eine halbe Knolle Sellerie
6 Möhren
2 l Gemüsebrühe
3 Lorbeerblätter
Ein Bund Petersilie
Pfeffer
Salz

Nährwerte p. P.

599 kcal
97 g Kohlenhydrate
4 g Fett
25 g Eiweiß

1 Die Steckrüben säubern und würfeln.

2 Dann die Kürbisse aus der Schale nehmen, die Kerne entfernen und den Rest in dieselbe Form bringen.

3 Den Lauch und die Möhren hingegen in Ringe bzw. Scheiben teilen.

4 Zuletzt noch den Sellerie in feine Würfelchen verwandeln.

5 Jetzt die Gemüsebrühe im Kessel aufkochen und das gesamte kleingeschnittene Gemüse hier hineingeben.

6 Das Ganze mit den Pfeffer- und Pimentkörnern, den Lorbeerblättern und der zuvor zerhackten Petersilie verfeinern.

7 Den Eintopf so lange köcheln lassen, bis das Gemüse gar ist.

REIS-ROSENKOHL-EINTOPF

4 Port. 40 Min. Einfach

Zutaten

3 Knoblauchzehen
2 kg Rosenkohl
300 g Reis
6 Zwiebeln
2 l Gemüsebrühe
4 Lorbeerblätter
3 Karotten
4 Stangen Lauch
12 Pimentkörner
1 Teelöffel Pfefferkörner (schwarz)
4 Esslöffel gemischte Kräuter (TK)
1 Prise Zucker
Pfeffer
Salz

Nährwerte p. P.

445 kcal
56 g Kohlenhydrate
4 g Fett
32 g Eiweiß

1 Den Stangensellerie säubern und in kleine Würfel zerteilen. Die Zwiebeln aus der Schale nehmen und diese in dieselbe Form bringen.

2 Dann die Knoblauchzehen schalenlos fein zerhacken und den Rosenkohl in Viertelstücke schneiden.

3 Die Karotten ebenfalls schälen und in Scheiben teilen. Den Lauch dagegen in feine Streifen trennen.

4 Jetzt die Gemüsebrühe im Kessel zum Kochen bringen. Hier auch gleich den Knoblauch, den Sellerie, die Zwiebeln, die Lorbeerblätter sowie die Pfeffer- und die Pimentkörner mit hineingeben.

5 Alles eine Viertelstunde köcheln lassen.

6 Danach den Reis zufügen und das Ganze mit der Prise Zucker sowie mit Salz verfeinern.

7 Danach die Karotten, den Rosenkohl und den Lauch zugeben. Auch die gemischten Kräuter dürfen jetzt in den Eintopf.

8 Sobald der Reis gar ist, ist der Eintopf fertig.

One Pot-Gerichte

BROKKOLI-KICHERERBSEN-POT

4 Port. 40 Min. Einfach

Zutaten

2 Knoblauchzehen
1500 g Brokkoli
2 Dosen Kichererbsen
2 Dosen Kokosnussmilch
4 Esslöffel Currypaste (rot)
2 Zwiebeln
500 ml Wasser
2 Esslöffel Öl
Pfeffer
Salz

Nährwerte p. P.

608 kcal
43 g Kohlenhydrate
13 g Fett
24 g Eiweiß

1 Die zwei Dosen Kichererbsen in ein Küchensieb gießen, abbrausen und die Erbsen abtropfen lassen.

2 Den Brokkoli in Röschen teilen und die Stiele in Würfel zerteilen.

3 Die Zwiebel ohne Schale ebenfalls fein würfeln. Die Knoblauchzehen hingegen fein zerhacken.

4 Nun das Öl im Kessel erhitzen und den Knoblauch samt der Zwiebeln hier dünsten.

5 Anschließend die Currypaste einrühren und anschwitzen.

6 Das Ganze mit der Kokosnussmilch und einem halben Liter Wasser auffüllen.

7 Alles nun mit Salz verfeinern, bevor die Brokkoli-Röschen ebenfalls in den Kessel kommen.

8 Nach fünf Minuten die Kichererbsen zugeben und alles erneut mit Salz würzen.

PIZZA-SUPPE

4 Port.

30 Min.

Einfach

Zutaten

4 Rindswürstchen
150 g Champignons (frisch)
150 g Schmelzkäse
1 Paprika (orange)
1 Stange Porree
400 g Dosentomaten (gehackt)
2 Esslöffel Öl
3 Stiele Basilikum
3 Stiele Majoran
Pfeffer
Salz

Nährwerte p. P.

425 kcal
7 g Kohlenhydrate
35 g Fett
19 g Eiweiß

1 Die Champignons säubern und in Scheiben zerteilen.

2 Danach die Paprika in Streifen und die Stange Porree in Ringe teilen.

3 Jetzt das Öl in den Kessel geben und diesen befeuern. Das zuvor kleingeschnittene Gemüse darin leicht anbraten.

4 Dann das Ganze mit der Gemüsebrühe sowie den Dosentomaten löschen und zehn bis 15 Minuten garen lassen.

5 Die Suppe erst mit Pfeffer sowie Salz würzen und dann den Schmelzkäse zugeben.

6 Unter ständigem Rühren den Käse schmelzen und am Ende mit dem zuvor zerhackten Majoran sowie mit Basilikum verfeinern.

PIKANTES PILZGULASCH

4 Port.

25 Min.

Einfach

Zutaten

4 Zwiebeln
1500 g Champignons
500 ml Naturjoghurt
4 Bund Petersilie (frisch)
100 ml Pflanzenöl
Etwas Paprikapulver (scharf)
Pfeffer
Salz

Nährwerte p. P.

411 kcal
15 g Kohlenhydrate
29 g Fett
19 g Eiweiß

1 Die Champignons säubern und vierteln.

2 Dann die Zwiebeln aus der Schale lösen und in Würfel zerteilen.

3 Jetzt die Petersilie kurz abbrausen, trocknen und fein hacken.

4 Anschließend den Naturjoghurt pfeffern und salzen und mit der gehackten Petersilie mischen.

5 Danach das Pflanzenöl im Kessel erhitzen und die Zwiebelwürfel glasig anbraten.

6 Nun die Champignons in den Kessel geben und ausgiebig mit dem scharfen Paprikapulver bestreuen.

7 Zu guter Letzt den Joghurt-Mix dazugeben und alles erneut mit den Gewürzen verfeinern.

SÜSSKARTOFFEL-CURRY

4 Port. 30 Min. Einfach

Zutaten

700 g Süßkartoffeln
500 ml Kokosnussmilch
2 Karotten
1 Knoblauchzehe
2 Zwiebeln
1 Prise Koriander
1 Prise Ingwerpulver
1 Prise Currypulver
2 Esslöffel Öl
Pfeffer
Salz

Nährwerte p. P.

589 kcal
54 g Kohlenhydrate
36 g Fett
7 g Eiweiß

1 Die Karotten sowie die Kartoffeln von der Schale lösen und würfeln.

2 Dann die Zwiebeln und die Knoblauchzehe aus der Schale nehmen. Erstgenanntes ebenfalls in Würfel teilen, während die Knoblauchzehe durch eine Presse gedrückt wird.

3 Anschließend das Öl in den Kessel geben und hier die gepresste Knoblauchzehe sowie die Zwiebelwürfel dünsten.

4 Kurz darauf die Süßkartoffeln zufügen und mitbraten lassen.

5 Das Ganze dann mit der Kokosnussmilch auffüllen.

6 Danach die Karotten in den Kessel geben und alles eine Viertelstunde garen lassen.

7 Zu guter Letzt das Süßkartoffel-Curry mit Pfeffer sowie Salz, Koriander, Currypulver und Ingwerpulver abschmecken.

FRUCHTIGES HÄHNCHEN-CURRY

 4 Port.  30 Min.  Einfach

Zutaten

4 Hühnerbrustfilets
200 g Ananasstücke (Dose)
200 g Orangen (frisch)
200 ml Vollmilch
400 ml Sahne
2 Esslöffel Öl
2 Esslöffel Currypulver
Pfeffer
Salz

Nährwerte p. P.

571 kcal
26 g Kohlenhydrate
35 g Fett
38 g Eiweiß

1 Die Hühnerbrustfilets in Würfel zerteilen.

2 Dann die Orange aus ihrer Schale lösen und das Fruchtfleisch ebenfalls würfeln.

3 Jetzt die Sahne mit der Vollmilch in den Kessel geben und erhitzen.

4 Anschließend die kleingeschnittenen Hühnerbrüste hier hineingeben und alles zehn Minuten garen lassen.

5 Danach die Ananas- und Orangenstücke zufügen und das Ganze mit dem Currypulver verfeinern.

6 Das Hähnchen-Curry weitere zehn Minuten köcheln lassen und zum Schluss mit Pfeffer sowie Salz würzen.

KÄSE-MAKKARONI

10 Port.

30 Min.

Einfach

Zutaten

500 g Makkaroni
100 g Weizenmehl
250 g Butter
200 g Cheddar
200 g Gouda
200 g Parmesan
1500 ml Milch
1 Teelöffel Cayennepfeffer
2 Knoblauchzehen
2 Esslöffel Öl
Salz

Nährwerte p. P.

735 kcal
49 g Kohlenhydrate
45 g Fett
29 g Eiweiß

1 Die Butter in den Kessel geben und zum Schmelzen bringen.

2 Jetzt die Knoblauchzehen schalenlos fein zerhacken und in die Butter geben.

3 Dann das Weizenmehl einrühren und anschließend die Milch zugeben.

4 Danach die drei Käsesorten zufügen und alles so lange verrühren, bis der Käse geschmolzen ist.

5 Das Ganze mit Cayennepfeffer und Salz würzen.

6 Zu guter Letzt die Makkaroni mit in den Kessel geben und fünf bis zehn Minuten weiter köcheln lassen, bis die Nudeln gar sind.

TOMATEN-PASTA

4 Port. 30 Min. Einfach

Zutaten

500 g Nudeln
2 Zwiebeln
5 Tomaten
4 Esslöffel Tomatenmark
250 ml Wasser
2 Esslöffel Öl
Pfeffer
Salz

Nährwerte p. P.

435 kcal
69 g Kohlenhydrate
9 g Fett
14 g Eiweiß

1 Die Tomaten in Würfel zerteilen und die Zwiebeln ohne Schale fein hacken.

2 Dann das Öl im Kessel erhitzen und die Zwiebeln darin anrösten.

3 Jetzt das Tomatenmark einrühren und kurz mitbraten lassen.

4 Anschließend die Nudeln zufügen und alles mit dem Wasser übergießen.

5 Nach fünf Minuten die Tomatenwürfel dazugeben und alles erneut fünf Minuten köcheln lassen.

6 Zum Schluss die Tomaten-Pasta mit Pfeffer sowie Salz verfeinern.

SCHINKEN-NUDELTOPF

4 Port. 30 Min. Einfach

Zutaten

500 g Nudeln
500 g Kochschinken
350 g Crème fraîche
1 Bund Petersilie (frisch)
1 Knoblauchzehe
2 Esslöffel Öl
1 Zwiebel

Nährwerte p. P.

794 kcal
68 g Kohlenhydrate
39 g Fett
41 g Eiweiß

1 Den Kochschinken in kleine Würfel zerteilen. Gleiches mit der Zwiebel vornehmen.

2 Den Knoblauch sowie die Petersilie hingegen fein zerhacken.

3 Anschließend im Kessel die Zwiebelwürfel in dem Öl anbraten.

4 Dann den zerhackten Knoblauch zufügen und mitdünsten.

5 Jetzt die Kochschinkenwürfel dazugeben und kurz mitbraten.

6 Danach die Crème fraîche einrühren und das Ganze mit Pfeffer sowie Salz würzen.

7 Zu guter Letzt die Nudeln zur Soße geben und diese bissfest garen.

KARTOFFEL-GEMÜSE-POT

4 Port. 40 Min. Einfach

Zutaten

4 Paprikas (rot)
2 Zucchini
8 Kartoffeln
2 Zwiebeln
5 Tomaten
400 g Naturjoghurt
300 g Fetakäse
500 ml Gemüsebrühe
2 Esslöffel Olivenöl
1 Esslöffel gemischte Kräuter (TK)
Pfeffer
Salz

Nährwerte p. P.

559 kcal
50 g Kohlenhydrate
26 g Fett
25 g Eiweiß

1 Die Kartoffeln erst aus der Schale nehmen und dann würfeln.

2 Die Paprikas, Tomaten, Zucchini sowie den Fetakäse ebenfalls in kleine Würfel zerteilen.

3 Danach die Zwiebeln fein zerhacken und die Knoblauchzehen durch eine Presse drücken.

4 Anschließend das Olivenöl in den Kessel geben und hier die Zwiebeln anbraten.

5 Kurz darauf die Gemüsebrühe dazugeben und alles zum Kochen bringen.

6 Jetzt die Kartoffelwürfel zufügen und das Ganze zehn Minuten garen lassen.

7 Im Anschluss das übrige Gemüse zugeben und alles erneut zehn Minuten köcheln lassen.

8 Nun den Knoblauch, den Naturjoghurt sowie den Fetakäse in den Kessel geben und alles so lange verrühren, bis der Fetakäse geschmolzen ist.

9 Zu guter Letzt den Kartoffel-Gemüse-Pott mit Pfeffer und Salz geschmacklich verfeinern.

WARMER KESSEL-KARTOFFELSALAT

2 Port. 30 Min. Einfach

Zutaten

150 g Speck (gewürfelt)
8 Kartoffeln
300 ml Gemüsebrühe
1 Teelöffel Zucker
Eine Handvoll Schnittlauch
Pfeffer
Salz

Nährwerte p. P.

523 kcal
39 g Kohlenhydrate
21 g Fett
20 g Eiweiß

1 Die Kartoffeln aus der Schale befreien und in Scheiben teilen.

2 Den Schnittlauch in feine Röllchen hacken.

3 Anschließend die Brühe in den Kessel gießen und aufkochen.

4 Hier die Kartoffelscheiben hineingeben und zehn Minuten garen lassen.

5 Danach den Speck zufügen und alles erneut zehn Minuten köcheln lassen.

6 Zu guter Letzt den Zucker zufügen und alles mit Pfeffer sowie Salz verfeinern.

7 Den warmen Kessel-Kartoffelsalat beim Servieren mit dem Schnittlauch bestreuen.

SERBISCHES KESSEL-GULASCH

10 Port.

160 Min.

Mittel

Zutaten

600 g Zwiebeln
1 kg Rindergulasch
1 Dose Tomaten (stückig)
750 g Kartoffeln
1 Knoblauchzehe
1 Paprika (rot)
50 g Paprikapulver (edelsüß)
1 Teelöffel Kümmel
Salz
100 g Schweineschmalz
600 g Wirsing
1 Esslöffel Paprikapaste (scharf)
4 l Wasser

Nährwerte p. P.

438 kcal
26 g Kohlenhydrate
24 g Fett
25 g Eiweiß

1 Die Zwiebeln sowie die Kartoffeln aus ihrer Schale befreien und in Würfel teilen.

2 Dann das Rindergulasch eventuell noch einmal kleinschneiden.

3 Den Knoblauch schalenlos fein hacken und die Paprika stückeln.

4 Jetzt noch den Wirsing säubern und in Streifen verwandeln.

5 Anschließend das Schweineschmalz in den Kessel geben und hier die Zwiebelwürfel glasig dünsten.

6 Dann das Paprikapulver dazugeben und alles gut verrühren.

7 Nun das Rindergulasch zufügen und anbraten.

8 Danach die Kartoffelwürfel zum Gulasch geben, genauso wie den Knoblauch.

9 Das Ganze mit dem Wasser auffüllen und dann gut eine Stunde köcheln lassen.

10 Nach dieser Garzeit die Dosentomaten, den Wirsing sowie den Kümmel ins Gulasch geben.

11 Zwischen einer und eineinhalb Stunden darf das serbische Gulasch nun köcheln.

12 Eine Viertelstunde vor Ende der Garzeit dann noch die Paprikapaste ins Gulasch rühren und alles mit Salz würzen.

AFRIKANISCHER GEMÜSE-EINTOPF MIT RINDFLEISCH

 10 Port.  60 Min.  Einfach

Zutaten

600 g Rindergulasch
5 Knoblauchzehen
4 Karotten
1 kg Kartoffeln
1 Dose Tomaten (passiert)
1 Zwiebel
2 Paprikas (rot)
1 Dose Kidneybohnen
1 l Wasser
1 Dose Kokosnussmilch
3 Avocados
Salz

Nährwerte p. P.

480 kcal
31 g Kohlenhydrate
28 g Fett
18 g Eiweiß

1 Das Rindergulasch mit dem Liter Wasser zusammen in den Kessel geben. Alles ausgiebig mit Salz versehen.

2 Während das Ganze jetzt eine Viertelstunde vor sich hin gart, können schon einmal die Kartoffeln ohne Schale in Würfel geteilt werden.

3 Die gleiche Form erhalten auch die Paprikas sowie die Zwiebel.

4 Die Karotten hingegen werden ohne Schale geraspelt und die Knoblauchzehen werden gehackt.

5 Nach der Viertelstunde die Kartoffelwürfel zum Gulasch geben.

6 Ungefähr nach zehn Minuten folgen jetzt die Paprikas, die Karotten, die Zwiebel, der Knoblauch, die Dosentomaten sowie die Kidneybohnen samt Saft.

7 Nachdem alles einmal ausgiebig umgerührt wurde, kann die Kokosmilch sowie die Chilipaste eingerührt werden.

8 Zum Schluss das Gulasch auf Tellern verteilen und dazu jeweils eine halbe Avocado reichen, denn diese mildert die Schärfe.

KATALANISCHER MEERESFRÜCHTE-POT

10 Port. 50 Min. Einfach

Zutaten

500 g Seelachsfilets
500 g gemischte Meeresfrüchte (TK)
400 g Tomatenstücke (Dose)
2 Stangen Lauch
2 Knoblauchzehen
2 Esslöffel Olivenöl
200 ml Weißwein (trocken)
2 Zwiebeln
2 kleine Dosen Safran
4 Esslöffel Sherry (trocken)
2 Teelöffel Chiliflocken
Pfeffer
Salz

Nährwerte p. P.

207 kcal
9 g Kohlenhydrate
7 g Fett
20 g Eiweiß

1 Die tiefgekühlten Meeresfrüchte langsam auftauen.

2 Dann die Zwiebeln ohne Schale in kleine Würfel teilen und den Lauch in Ringe trennen.

3 Den Knoblauch hingegen fein hacken.

4 Anschließend das Olivenöl in den Kessel geben und den gehackten Knoblauch mit den Zwiebelwürfeln andünsten.

5 Die Lauchringe nach circa fünf Minuten dazugeben und nach weiteren fünf Minuten die Dosentomaten.

6 Kurz darauf alles mit dem Weißwein löschen.

7 Jetzt die Meeresfrüchte zufügen und alles mit den Chiliflocken, dem Safran sowie Pfeffer und Salz abschmecken.

8 Nach weiteren zehn Minuten den zuvor in Würfel geschnittenen Seelachs zugeben und alles mit dem Sherry verfeinern.

9 Sieben Minuten muss das Ganze jetzt noch köcheln, bis es servierfertig ist.

UNGARISCHES KESSELGULASCH

10 Port.

380 Min.

Mittel

Zutaten

2000 g Rindergulasch
3 Kartoffeln
2000 g Zwiebeln
80 g Paprikapulver (edelsüß)
8 Knoblauchzehen
500 ml Rinderbrühe
2 l Rotwein (trocken)
100 g Rinderschmalz
30 ml Tafelessig
1 Bund Petersilie (frisch)
4 Esslöffel Tomatenmark
1 Teelöffel Kreuzkümmel
3 Esslöffel Estragon-Senf
1 Teelöffel Paprikapulver (scharf)
3 Esslöffel Öl
3 Esslöffel Salz (grob)
1 Teelöffel Pfeffer
1 Zweig Rosmarin (frisch)

Nährwerte p. P.

790 kcal
25 g Kohlenhydrate
38 g Fett
45 g Eiweiß

1 Das Rindergulasch eventuell noch einmal klein schneiden.

2 Die Zwiebeln ohne Schale in ganz feine Würfel verwandeln.

3 Jetzt die Hälfte des Rinderschmalzes im Kessel erhitzen und das Gulasch portionsweise anbraten und herausnehmen.

4 Anschließend das Tomatenmark im Kessel stark anschwitzen und dann mit einem Schluck Rotwein löschen. So lange köcheln, bis sich alles um die Hälfte reduziert hat.

5 Danach das übrige Rinderschmalz in den Kessel füllen und die Zwiebelwürfel anbraten.

6 Nun die Flamme klein halten und das Rindergulasch wieder in den Kessel geben.

7 Das Ganze mi dem edelsüßen Paprikapulver bestreuen und ausgiebig umrühren.

8 Alles mit dem restlichen Rotwein auffüllen.

9 Nun die Knoblauchzehen und Kartoffeln aus der Schale nehmen, fein zerhacken und ebenfalls in den Kessel geben.

10 Alles so lange köcheln, bis sich der Rotwein zur Hälfte reduziert hat.

11 Zu guter Letzt die Rinderbrühe, den Senf sowie den Essig und alle anderen Gewürze zum Gulasch geben.

12 Den Kessel dann abdecken und alles ohne Hitze vier bis fünf Stunden ziehen lassen.

POLNISCHES BIGOSCH

10 Port. 60 Min. Einfach

Zutaten

250 g Sauerkraut
250 g Weißkraut
400 g Schweinegulasch
200 g Dauerwurst (geräuchert)
150 g Speck (durchwachsen)
400 g Kartoffeln
50 g Schweineschmalz
1 Zwiebel
500 ml Fleischbrühe
2 Knoblauchzehen
Etwas Majoran
Etwas Kümmel
Pfeffer
Salz

Nährwerte p. P.

272 kcal
8 g Kohlenhydrate
18 g Fett
17 g Eiweiß

1 Das Schweinegulasch eventuell noch einmal klein schneiden.

2 Dann die Dauerwurst ebenfalls würfeln und gleiches mit dem Speck vornehmen.

3 Den Weißkohl in Streifen teilen und den Sauerkraut abgießen.

4 Jetzt noch die Kartoffeln von ihren Schalen lösen und würfeln. Die Zwiebel ohne Schale fein hacken. Ebenso mit den Knoblauchzehen vorgehen.

5 Anschließend das Schweineschmalz in den Kessel geben und den Speck hier anrösten.

6 Dann das Schweinegulasch zugeben und mitbraten.

7 Jetzt noch die Zwiebeln zufügen und alles nach circa fünf Minuten mit der Fleischbrühe auffüllen.

8 Nach 20 Minuten Garzeit den Weißkohl zum Gulasch geben und alles weitere 20 Minuten köcheln lassen.

9 Zu guter Letzt die Kartoffelwürfel, das Sauerkraut sowie die Dauerwurst dazugeben und alles mit den genannten Kräutern sowie Gewürzen abschmecken.

SOLJANKA

10 Port. 60 Min. Einfach

Zutaten

1200 g Kasseler
4 Paprikas (rot)
1 Glas Gewürzgurken
500 g Salami
600 g Fleischwurst
3 Zwiebeln
1000 g Tomaten
1 Zitrone
1 Glas Letscho
7 Lorbeerblätter
400 g Tomatenmark
1 Chilischote
2 Esslöffel Samba Oelek
2 Teelöffel Pfefferkörner
2 Esslöffel Crème fraîche
2 Esslöffel Öl
Salz

Nährwerte p. P.

674 kcal
13 g Kohlenhydrate
49 g Fett
41 g Eiweiß

1 Den Kasseler sowie die Fleischwurst und die Salami in Würfel teilen.

2 Dann die Paprikas in Streifen teilen und die Zwiebeln ohne Schale fein hacken.

3 Die Gewürzgurken hingegen in Scheiben verwandeln und die Zitrone ausquetschen.

4 Danach die Tomaten noch würfeln.

5 Jetzt die Fleischwurst, den Kasseler sowie die Salami mit dem Öl in den Kessel geben und alles andünsten.

6 Anschließend die Letscho, die Tomatenwürfel und die Gurkenscheiben zufügen und alles einmal aufkochen.

7 Mit dem Zitronensaft und dem Tomatenmark nach circa zehn Minuten alles auffüllen.

8 Nun noch das Samba Oelek, die Lorbeerblätter, die Chilischote und die Pfefferkörner zufügen und alles mit Salz abschmecken.

9 Eine halbe Stunde muss das Ganze jetzt noch kochen.

OSTPREUSSISCHER HAMMEL-GEMÜSE-KESSEL

 10 Port.

 70 Min.

 Einfach

Zutaten

1000 g Hammelfleisch
1 Wirsing
250 g Schnittbohnen
50 g Butter
500 g Karotten
2 Steckrüben
1 l Wasser
2 Zwiebeln
1 Bund Petersilie (frisch)
1 Prise Zucker
Pfeffer
Salz

Nährwerte p. P.

325 kcal
20 g Kohlenhydrate
10 g Fett
31 g Eiweiß

1 Zuerst das Hammelfleisch in Würfel teilen und den Wirsing in Streifen teilen.

2 Die Steckrüben sowie die Karotten hingegen putzen und in feine Stifte trennen.

3 Dann die Schnittbohnen halbieren und die Zwiebeln ohne Schale in Streifen zerteilen.

4 Die Petersilie lediglich fein zerhacken.

5 Anschließend die Butter im Kessel erhitzen und die Zwiebeln dünsten.

6 Danach das Hammelfleisch zugeben und anbraten. Dieses im Anschluss mit dem Wasser löschen und alles eine halbe Stunde garen lassen.

7 Etwas Pfeffer, Salz sowie die Prise Zucker unterrühren.

8 Nach einer weiteren Garzeit von 20 Minuten das gesamte Gemüse in den Kessel geben und so lange weiter köcheln lassen, bis auch dieses gar ist.

9 Die gehackte Petersilie beim Servieren über das Gericht streuen.

FRIESEN-BOHNENTOPF MIT LAMM

6 Port. 60 Min. Einfach

Zutaten

1000 g Lammfleisch
2 Zwiebeln
750 g Kartoffeln
1000 g Bohnen (grün)
1 Zweig Bohnenkraut
1,5 l Wasser
1 Bund Petersilie (frisch
Pfeffer
Salz

Nährwerte p. P.

355 kcal
30 g Kohlenhydrate
6 g Fett
40 g Eiweiß

1 Sowohl die Zwiebeln als auch das Lammfleisch in Würfel zerteilen.

2 Die grünen Bohnen lediglich in vier bis fünf Zentimeter lange Stücke verwandeln.

3 Dann noch die Petersilie fein zerhacken.

4 Im Anschluss das Wasser mit dem Lammfleisch und den Zwiebeln in den Kessel geben und alles einmal zum Kochen bringen.

5 Nach einer halben Stunde das Bohnenkraut sowie die Bohnen selbst dazugeben und alles mit Pfeffer und Salz verfeinern.

6 Während das Ganze jetzt weitere 20 Minuten vor sich hin köchelt, können die Kartoffeln aus der Schale gelöst und in Würfel geteilt werden.

7 Zu guter Letzt dann die Kartoffelwürfel zugeben und alles so lange weiterköcheln lassen, bis diese gar sind.

8 Die Petersilie zum Bestreuen des Gerichts verwenden.

INDISCHES LAMMGESCHNETZELTES MIT MANGO

4 Port.

60 Min.

Mittel

Zutaten

500 g Lammrücken
150 g Langkornreis
1 Mango
2 Zwiebeln
1 Chilischote (rot)
2 Knoblauchzehen
500 g Tomaten
3 Esslöffel Olivenöl
350 ml Wasser
2 Esslöffel Currypulver
6 Stiele Koriander (frisch)
Pfeffer
Salz

Nährwerte p. P.

410 kcal
41 g Kohlenhydrate
12 g Fett
31 g Eiweiß

1 Den Lammrücken sowie die Tomaten in grobe Würfel zerteilen. Gleiches mit dem Fruchtfleisch der Mango vornehmen.

2 Die Zwiebel aus ihrer Schale lösen und in feine Streifen trennen.

3 Dann die Knoblauchzehen schalenlos fein zerhacken. Dies ebenfalls mit der Chilischote vornehmen.

4 Dann das Olivenöl in den Kessel geben und hier die Lammwürfel scharf anrösten. Das Ganze mit Pfeffer sowie Salz bestreuen. Das Lammfleisch danach herausnehmen und beiseitestellen.

5 Anschließend in demselben Öl die Zwiebelstreifen sowie die gehackte Chilischote und die Knoblauchzehen anbraten.

6 Alles mit dem Currypulver bestreuen und dann die Tomatenwürfel dazugeben.

7 Diese mit dem Wasser löschen und einmal das Ganze zum Kochen bringen sowie den Reis zufügen.

8 Nachdem der Kesselinhalt mit Pfeffer und Salz gewürzt wurde, darf alles erneut eine Viertelstunde vor sich hin garen.

9 Zu guter Letzt die Mango-Stücke und den zuvor zerhackten Koriander sowie das Lammfleisch in den Kessel geben.

GRIECHISCHE TOMATEN-GYROSSUPPE

4 Port.

30 Min.

Einfach

Zutaten

500 g Gyros
200 g Tsatsiki
850 ml Dosentomaten (Stücke)
1 Knoblauchzehe
1 Teelöffel Gemüsebrühe
1 Zwiebel
2 Esslöffel Tomatenmark
1 Esslöffel Weizenmehl
3 Esslöffel Olivenöl
250 ml Wasser
1 Prise Zucker
Etwas Oregano (getrocknet)
Pfeffer
Salz

Nährwerte p. P.

370 kcal
12 g Kohlenhydrate
20 g Fett
32 g Eiweiß

1 Zuerst die Zwiebel und die Knoblauchzehe aus der Schale nehmen. Die Zwiebel dann in feine Würfel teilen und die Knoblauchzehe fein zerhacken.

2 Danach im Kessel das Gyros im Olivenöl scharf anrösten und anschließend herausnehmen.

3 In demselben Öl den Knoblauch sowie die Zwiebel braten.

4 Dann das Weizenmehl und das Tomatenmark in den Knoblauch-Zwiebel-Mix einrühren.

5 Das Ganze anschließend mit den Dosentomaten sowie dem Wasser auffüllen.

6 Jetzt die Gemüsebrühe einrühren und alles einmal aufkochen lassen.

7 Die Suppe mit einer Prise Zucker, Pfeffer, etwas Oregano sowie Salz abschmecken.

8 Nach einer weiteren Viertelstunde das Gyros in die Tomatensuppe geben und beim Servieren auf jede Portion einen Klecks Tsatsiki geben.

Desserts

EINFACHER VANILLE-PUDDING

4 Port.

20 Min.

Einfach

Zutaten

60 g Zucker
500 ml Milch
2 Eigelbe
25 g Speisestärke
1 Vanilleschote

Nährwerte p. P.

204 kcal
27 g Kohlenhydrate
8 g Fett
6 g Eiweiß

1 Die Milch im Kessel aufkochen lassen.

2 Währenddessen das Mark aus der Vanilleschote entfernen und dieses mit der Schote in die Milch geben.

3 Dann den Zucker mit den Eigelben, der Speisestärke sowie ein bisschen von der Milch aus dem Kessel verrühren, bis sich keine Klumpen mehr zeigen.

4 Den Mix zur Milch in den Kessel geben und ausgiebig verrühren, bis der Vanillepudding angedickt ist.

SAHNIGER SCHOKO-PUDDING

4 Port.

20 Min.

Einfach

Zutaten

130 g Vollmilch-Schokolade
35 g Speisestärke
1 Esslöffel Vanillezucker
250 ml Milch
250 ml Sahne
40 g Zucker
1 Esslöffel Backkakao
2 Esslöffel Rum

Nährwerte p. P.

332 kcal
43 g Kohlenhydrate
18 g Fett
7 g Eiweiß

1 Zuerst zwei Drittel der Milch in den Kessel geben und erhitzen.

2 Dann die Vollmilch-Schokolade in die Milch geben und diese unter Rühren zum Schmelzen bringen.

3 Anschließend den Backkakao mit der Speisestärke, dem Vanillezucker und dem Zucker sowie der übrigen Milch glatt verrühren.

4 Die Milch jetzt im Kessel aufkochen und den Backkakao-Mix hier hineinmischen.

5 Das Ganze so lange verrühren, bis der Schoko-Pudding angedickt ist.

6 Zum Schluss noch den Rum untermischen.

MARZIPAN-PUDDING MIT AMARETTO

4 Port.

20 Min.

Einfach

Zutaten

200 g Marzipanrohmasse
1 Päckchen Vanillezucker
450 ml Milch
1 Ei
50 ml Amaretto
2 Esslöffel Speisestärke
2 Esslöffel Zucker

Nährwerte p. P.

379 kcal
57 g Kohlenhydrate
15 g Fett
9 g Eiweiß

1 Die Milch bis auf fünf Esslöffel davon mit dem Vanillezucker und dem Haushaltszucker in den Kessel geben.

2 Das Ganze erhitzen und während die Milch sich erwärmt, die Marzipanrohmasse stückchenweise dazugeben.

3 Sobald sich der Marzipan in der Milch aufgelöst hat, das Ganze aufkochen.

4 Jetzt die übrige Milch mit der Speisestärke und dem Eigelb mischen.

5 Den Mix in die Milch geben und alles so lange verrühren, bis der Pudding angedickt ist.

6 Zum Schluss den Amaretto in den Pudding rühren.

ZITRONENCREME

4 Port.

20 Min.

Einfach

Zutaten

2 Zitronen (Bio)
2 Eier
400 ml Wasser
50 g Maisstärke
150 g Zucker
1 Blatt Gelatine
1 Prise Salz
Eine Viertel Flasche Zitronenaroma

Nährwerte p. P.

246 kcal
50 g Kohlenhydrate
3 g Fett
4 g Eiweiß

1 Zuerst die Zitronen ausquetschen und dann die Gelatine in dem Saft einweichen.

2 Dann die Eigelbe von den Eiweißen trennen und Erstgenanntes mit der Maisstärke, dem Zitronenaroma sowie mit vier Esslöffeln Wasser mischen, bis keine Klumpen mehr vorhanden sind.

3 Jetzt das Wasser in den Kessel füllen und mit der Prise Salz und dem Zucker zum Kochen bringen.

4 Danach den Kessel kurz vom Feuer nehmen und hier den Eigelb-Maisstärke-Mix einrühren.

5 Anschließend den Kessel wieder unter Feuer setzen und alles erneut kurz aufkochen.

6 Zum Schluss den Kessel wieder vom Feuer herunternehmen und das Zitronen-Gelatine-Gemisch in den Pudding mischen.

PFLAUMEN-CRUMBLE

 4 Port.
 40 Min.
 Mittel

Zutaten

80 g Haferflocken
40 g Mandelblättchen
1 kg Pflaumen
6 Esslöffel Honig
30 g Butter (weich)
50 g Mandeln (gemahlen)
1 Esslöffel Speisestärke
40 g Mandelblättchen
1 Prise Salz
1 Teelöffel Zimt

Nährwerte p. P.

496 kcal
64 g Kohlenhydrate
20 g Fett
10 g Eiweiß

1 Zuerst die Pflaumen säubern, von ihren Kernen lösen und den Rest klein stückeln. Die Pflaumenstücke dann mit drei Esslöffeln Honig mischen.

2 Jetzt die Haferflocken mit dem übrigen Honig, den gemahlenen Mandeln, der Speisestärke, den Mandelblättchen, dem Zimt, dem Salz sowie der weichen Butter verkneten.

3 Anschließend einen Esslöffel Butter in den Kessel geben und das Ganze erhitzen.

4 Nun die Pflaumen in den Kessel legen und den Streuselteig über diese zerbröseln.

5 Einen Deckel auf den Kessel geben und alles eine halbe Stunde backen lassen.

BRATAPFEL MIT ROSINEN

4 Port.

30 Min.

Einfach

Zutaten

200 ml Apfelsaft
4 Äpfel
1 Esslöffel Honig
60 g Marzipanrohmasse
2 Esslöffel Mandeln (gehackt)
20 g Butter (weich)
60 g Rosinen
60 g Walnüsse

Nährwerte p. P.

413 kcal
48 g Kohlenhydrate
21 g Fett
7 g Eiweiß

1 Die Äpfel abbrausen und das Kerngehäuse entfernen, ohne die Äpfel zu zerteilen.

2 Dann die Walnüsse mit dem Honig, der Butter, den Rosinen, dem zuvor kleingeschnittenen Marzipan, den Mandeln sowie dem Zimt mischen.

3 Den Mix in dic Äpfel füllen.

4 Jetzt den Apfelsaft im Kessel erwärmen und hier die Äpfel hineinlegen.

5 Alles geschlossen eine halbe Stunde schmoren lassen.

GRIESS-PUDDING MIT SAHNE

6 Port.

15 Min.

Einfach

Zutaten

180 ml Sahne
670 ml Milch
70 g Hartweizengrieß
80 g Zucker

Nährwerte p. P.

290 kcal
28 g Kohlenhydrate
10 g Fett
8 g Eiweiß

1 Die Milch mit der Sahne und dem Zucker im Kessel verrühren und alles erhitzen.

2 Dann den Hartweizengrieß zufügen und alles so lange verrühren, bis der Grieß weich gegart ist.

VANILLE-BANANEN-CREME

4 Port.

15 Min.

Einfach

Zutaten

1 Banane
1 Vanilleschote
4 Esslöffel Zucker
450 ml Milch
40 g Speisestärke

Nährwerte p. P.

219 kcal
41 g Kohlenhydrate
4 g Fett
5 g Eiweiß

1 Sechs Esslöffel Milch mit der Speisestärke und dem Zucker mischen und so lange verrühren, bis die Masse keine Klumpen mehr aufweist.

2 Dann die Banane aus der Schale nehmen und diese mit der übrigen Milch in einem Mixer vermischen.

3 Die Bananen-Milch dann im Kessel erhitzen.

4 Hier auch das Mark der Vanilleschote sowie die Schote selbst in die Milch geben.

5 Sobald das Ganze kocht, den Kessel vom Feuer nehmen und den Speisestärken-Mix hier einrühren.

6 Zum Schluss den Pudding noch einmal unter Rühren aufkochen.

ORANGEN-PUDDING

10 Port. 75 Min. Einfach

Zutaten

1 Flasche Hohes C (Orangensaft)
2 Dosen Mandarinen
Saft einer Mandarinendose
2 Päckchen Vanillepudding (zum Kochen)
400 ml Sahne
170 g Zucker

Nährwerte p. P.

236 kcal
34 g Kohlenhydrate
10 g Fett
2 g Eiweiß

1 Den Orangensaft mit dem Zucker in den Kessel geben und erhitzen, bis das Ganze kocht.

2 Währenddessen die zwei Päckchen Puddingpulver in dem Mandarinensaft glattrühren.

3 Den Mandarinensaft-Puddingpulver-Mix dann in den Orangensaft einrühren.

4 Eine Minute muss der Orangenpudding jetzt kochen, bevor er in Dessertgläser gefüllt und kühl gestellt werden kann.

5 Bevor der Pudding in die Kühlung kommt, noch die Mandarinen unterheben.

VANILLE-KOKOSNUSS-CREME

4 Port.

20 Min.

Einfach

Zutaten

1 Päckchen Vanillepudding
1 Dose Kokosnussmilch
150 ml Vollmilch
2 Esslöffel Zucker
1 Päckchen Vanillezucker
Ein halber Teelöffel Kardamom

Nährwerte p. P.

327 kcal
24 g Kohlenhydrate
23 g Fett
3 g Eiweiß

1 Sowohl die Kokosnuss- als auch die Vollmilch in den Kessel füllen und das Ganze unter Feuer setzen, bis die Milch kocht.

2 Währenddessen drei Esslöffel von dem Milch-Mix abnehmen und mit dem Puddingpulver, dem Vanillezucker sowie dem Zucker verrühren, bis sich keine Klumpen mehr zeigen.

3 Sobald die Milch kocht, den Kessel vom Feuer nehmen und das Puddingpulver-Gemisch hier einrühren.

4 Den Kessel dann noch einmal für ein bis zwei Minuten auf das Feuer stellen und das Kardamom einrühren.

5 Die Vanille-Kokosnuss-Creme in Dessertbecher füllen und kaltstellen.